共和国领袖故事

毛泽东

中国国家博物馆 编著

上海教育出版社
SHANGHAI EDUCATIONAL
PUBLISHING HOUSE

目 录

共和国领袖故事

毛泽东

2

韶山出了个毛泽东

1893年12月26日，一个男孩在湖南省湘潭县韶山冲的农民毛贻昌家诞生了。家里为他取名泽东，字咏芝（后改润之）。他们家的头两胎婴儿都夭折了，母亲文七妹生怕泽东也不能长大成人，就抱他到娘家那边的一座石观音小庙，叩拜一块巨石，认作"干娘"。泽东是母亲所生的第三个孩子，他的乳名就叫"石三伢子"。

童年时期的石三伢子是个十分聪明、可爱，也出奇地淘气的孩子。

韶山冲有一个心灵手巧的邹四阿婆，她会做许多种干果。梅子、黄瓜、茄子、生姜什么的，一经她的手，就变得又好看又好吃了，把孩子们馋得直流口水，多么想尝几口啊！只是，邹四阿婆可不会让别人白吃自己的东西。她总是把这些食品放到高高的房顶上晾晒，而且看得很严。孩子们又是怕她，又是恨她，就打起了偷吃食品的主意。可是，上到房顶去拿吧，容易被发现；用竹竿挑吧，又怕弄出响声，惊动了主人。小伙伴们可犯愁了！正在这时，石三伢子想出一个"请天兵天将帮忙"的办法，可把小伙伴们逗乐了，他让伙伴们拿来一根长绳和一根竹竿，自己提来一只大螳螂。

"这就是天兵天将。"石三伢子指着螳螂说。

然后，他就用线一头拴住螳螂，一头扎在竹竿上，手举竹竿一挥，螳螂被抛到干果里，再往下轻轻一拉，螳螂强有力的前爪就把干果勾了下来,小伙伴们就从地上捡。这样反复多次,小伙伴们都吃到了干果。这件事邹四阿婆硬是没弄明白,还一个劲儿地骂那些贪嘴的乌鸦和喜鹊呢!

石三伢子很调皮,但也很诚实。有一次,他和小伙伴们一起去人家菜园里偷黄瓜吃。正当大家吃得津津有味时,主人来了!伙伴们吓得赶紧四散逃走。石三伢子没有跑,他当面向主人认了错,请人家原谅。主人没有打他,也没有怪他,反倒说他是个诚实的孩子。

虽然毛泽东小时候很淘气,但是留给人们更深印象的,还是他的纯朴、勤劳和乐于助人。

从 6 岁起,泽东就开始帮大人干活了。渐渐地,他学会了锄草、摘豆荚、打猪草、喂猪、放牛、打柴、推谷、舂米等农活。

■ 韶山冲毛泽东故居

毛泽东放牛是很会动脑筋的。每天清晨，太阳还没有爬上山，他就把牛牵到后山坡上，让牛吃上它最爱吃的带着露珠的鲜嫩青草。他把牛栏打扫得干干净净，还经常用铁篦子给牛梳毛，不让牛毛里长虱子，他家的牛膘肥体壮，很少生病。他和小伙伴们一放牛，大家就都玩不成了。可是，爱玩耍是孩子们的天性啊，这使小伙伴们很苦恼。怎么办呢？还是毛泽东为大家想了个好主意：他把小伙伴们分成两个班，一班放牛，另一班去割草、拾柴和采野果。过了一段时间后，再把牛拴起来，让它们吃割好的青草，小伙伴们就围坐在大树下吃野果，讲故事，做游戏。大家玩得很开心，回家时还带着干柴，大人们见了也高兴。因此，小伙伴们都乐意跟他一起放牛，称他是"牛司令"。

他不但善于放牛，慢慢地，他还成了犁田、插秧、收谷等农活的好手。

他在屋后的山坡上开了一块菜地，种各种各样的菜，把地收拾得就像花园一样，他按节令种的豆角啦，茄子啦，苦瓜啦，辣椒啦，长年青翠，果实累累，一家人都吃不完。

毛泽东自幼同情受剥削、受压迫的穷人，经常和母亲一起，背着父亲，给一些贫苦的人家送米送衣，帮助他们做些事情。一个秋天的下午，突然乌云密布，狂风大作，一场暴雨即将来临。毛泽东正要去晒谷场抢收自己家的谷子，一眼看到一位邻居阿婆正独自一人收谷子，他立刻赶去帮忙。结果，阿婆家的谷子在雷雨前收好了，毛泽东自己家的谷子却被淋湿了，还被水冲走了不少。父亲为此很生气，问他为什么不管自己家的而去帮别人。毛泽东说：咱家的谷子是自己的，损失一点不要紧；那位阿婆要缴租，家里又少吃的，再遭到损失，不就太难过了吗？父亲听了，也就无话可说了。

儿时的生活，对毛泽东产生了深远的影响。在他幼小的心灵里，一天天萌生、滋长着热爱、救助受苦群众的情感。这也许是他后来以国家、天下为己任，立志为解放水深火热中的广大劳动人民、改造旧社会而矢志奋斗的缘起吧。

求学路漫漫

毛泽东从 8 岁起入私塾开始读书。16 岁前，中间曾停学两年在家务农，其余时间先后在韶山的六处私塾读书。后来，毛泽东曾把自己的私塾生活概括为"六年孔夫子"。

在家务农，丝毫没有减弱毛泽东强烈的求知欲。白天他随父亲在田里劳动，晚上回到土屋，仍不顾一天的劳累，点亮古老的桐油灯，一学就到深夜。

在这段时间里，他读了几乎所有能找到的书，有郑观应的《盛世危言》，有冯桂芬的《校邠庐抗议》等，还读了一本《论中国有瓜分之危险》的小册子。这使少年毛泽东幼小的心灵深受震撼，他开始为灾难深重的祖国深深担忧了。

1910 年毛泽东 17 岁时，父亲打算把他送到湘潭县城一家米店当学徒，指望他日后继承家业，发家致富。毛泽东这时的志向早已不在田地金钱上了，他要进一步用知识武装自己，去干一番大事业，去救国救民。恰在这时，表兄告诉他，湘乡县有一所新式学校，叫县立东山高等小学堂，在那里可以学到新的知识。毛泽东听后非常高兴，决心前去求学。可是，如何说服父亲呢？他和母亲商量，想出了一条"请说客"之计，请来舅舅、表兄、堂叔和塾师劝说父亲，终于使父亲改变了主意，答应了他的要求。

这年秋天，毛泽东自挑行李，离开了闭塞的故乡韶山冲，踏上

了到外地求学的人生新路。临行前,他思绪万千,激动不已,挥笔给父亲抄写了一首诗:

孩儿立志出乡关,

学不成名誓不还。

埋骨何须桑梓地,

人生无处不青山。

毛泽东翻山越岭,徒步跋涉五十多里,来到了湘乡县的东山小学堂。这时,太阳已经落山,家家窗里透出了灯光。当毛泽东急匆匆向学校说明来意时,他才知道来晚了,入学考试两天前已经结束了。自己满腔的希望难道就这样破灭了吗?毛泽东当然不甘心。在毛泽东一再要求下,学校终于同意让他补考。毛泽东当即就"言志"的试题作答。他以宏伟的气魄和豪迈的语言,阐明了自己求学救国的志愿。校长看后大加赞赏,连称"建国之才"。于是,学校录取了毛泽东。

在东山学堂,毛泽东勤奋学习,进步很快,深得教员们的器重和赏识。同时,他的视野也开阔了,更加深了他对国家大事的思考。

■ 湘乡县东山小学堂旧址

1911年春天,经一位老师推荐,毛泽东顺利考进了设在省城长沙的湘乡驻省中学。在这里他更加发奋攻读起来。同时,省城和乡下完全不同的社会氛围、动态和事件,也使他眼界大开,毛泽东开始以高度的热情参加学生的革命运动。为了表示与腐败的清政府决裂,毛泽东带头剪掉了辫子。他还和一些积极分子一起,强行剪掉了十几个同学的辫子。

当年10月,辛亥革命爆发了。一天,一个革命党人到湘乡驻省中学作了一次激动人心的演讲。他的演讲极大地激发了学生们的爱国热情。毛泽东更是兴奋异常。他觉得武昌起义刚刚爆发,反动势力肯定会组织反扑,激烈的战斗还在后头,革命力量必须加强。于是,他决定投笔从戎,参加革命军。当月下旬,他到湖南新军二十五混成协五十标第一营左队当了一名列兵。

辛亥革命推翻了历时268年的清朝统治,建立了中华民国。毛泽东以为"革命已经过去",于是决定退出军队,继续求学。那时候,报纸上刊登的各学校的招生广告让人眼花缭乱。毛泽东先后报考了警察学堂、法政学堂、肥皂制造学校、商业学校等,都不满意。最后,他于1912年4月以第一名的成绩考入了湖南全省高等中学校(后改名省立第一中学)。

在这所学校里,毛泽东深厚的作文基础和高超的写作能力很快就引起了师生的关注。他写的《商鞅徙木立信论》,国文教员柳潜阅后,认为他"自是伟大之器,再加功候,吾不知其所至"。然而,这所学校刻板的校规和有限的课程,却仍不能使毛泽东满意。他觉得在这种学校读书还不如自学更有益呢!于是,他到湖南省立一中刚半年,便毅然退了学,寄居在长沙新安巷的湘乡会馆,每天步行3里路到浏阳门外定王台的湖南省立图书馆,发奋自学。

毛泽东一到图书馆,"就像牛进了菜园",立即扑向了古今中外的各类书籍,尤其对译成中文的世界名著,更是爱不释手。他订了一个庞大的自修计划,不停歇地埋头苦读起来。很快,半年又过去了,在这里,毛泽东获得了许多新知识、新信息。

正当毛泽东刻苦自学之际，新的难题出现了。一是父亲不支持他这种既不进学校又不谋职业的自学的做法，不再供给他费用；二是他寄居的湘乡会馆住进了不少被遣散的士兵，他们整天吵吵闹闹，滋事打架，这里不能再住下去了。无奈，毛泽东只得再去考学校。

这时，湖南省立第四师范登出了一则招生广告。广告说，该校不收学费和膳食费，学生毕业后献身教育事业，强调"教育乃立国之本"。这引起了毛泽东的兴趣。他想，上这样的学校，不用交费，可解燃眉之急，又觉得自己的气质，将来当教师也许最适宜，于是决心去应试。1913年3月，毛泽东考入了第四师范。第二年，四师合并到湖南省立第一师范。

本来，第四师范是预科1年，本科4年，共5年。可是，毛泽东在第四师范读完1年预科后，四师合并到湖南省立第一师范，由于一师开学时间不同，他又重读了半年预科。直到1918年6月，毛泽东在做了5年半的师范生后才毕业。

在这长达五六年的时间里，毛泽东不仅在名师杨昌济、黎锦熙、朱剑凡、袁仲谦、徐特立、方维夏等指教下，修学储能，学业大长，同时，交友、结社、游学、办工人夜校等，使自己得到了全面锻炼。这为他日后承担艰巨的革命任务，从思想上、学识上、体魄上做好了准备。1918年，毛泽东结束了在第一师范的学习后，立即投身于中国革命的伟大洪流之中。

■ 在湖南第四师范读书时的毛泽东

游学

什么叫"游学"？现在的年轻人可能很少了解了。那是旧社会一些穷知识分子，在外出求师访友或游览时，因没有盘费，只有靠写几个字，或作一副对联、作一点诗，送给乡里的土财主，换几个钱作川资，或求得一顿饱饭、一夜留宿，这其实就是一种变相的乞丐。湖南俗称这种"游学"为"打秋风"，也就是讨饭的意思。

说这些和毛泽东有什么关系呢？

原来青年时代的毛泽东对"游学"很感兴趣。他自己就去"游学"过多次呢！

1917年7月，正在湖南一师求学的毛泽东，邀了原一师毕业的萧子升，身上分文不带，全靠勇气和智慧，从长沙出发，去"游学"了。

毛泽东他们一走出长沙城门，很快便到了湘江边。那时湘江上没有桥，过江只能乘船。可是坐船要付两个铜板的船费，没钱怎么办？

"先过去再说！"毛泽东一挥手，两人一起上了船。

船到江心，老船夫的女儿来收费了。

"实在抱歉，我们没有钱。不过，我们能帮您的忙。"毛泽东恳切地对老船夫说，"您划了大半天船，一定很累。请您休息一下，我们替您划过去。"说着，他们接过老船夫的橹，又快又稳地将船划到了对岸。老船夫望着他们，微笑了一下，也就不说什么了。

"游学"中最大的困难，是如何解决吃饭问题。这个问题他们在出发的第一天便碰上了。走了一天的山路，他们饿坏了。路边的一家小饭店里飘出一阵阵诱人的饭菜香味，更使他们饥肠辘辘。

可是，要吃饭，得先有钱。钱从哪里来呢？听说附近有一位告老还乡的老翰林，他善作诗文，家境富裕。于是两人一合计，当即写诗一首，送往老先生家。诗曰：

> 翻山渡水之名郡，
>
> 竹杖草履谒学尊。
>
> 途见白云如晶海，
>
> 沾衣晨露浸饿身。

老先生读后很高兴，同他们一起讨论了经书，并送铜板40枚，解决了他们的一时之困。他们告别老翰林，去那个小饭店，用几个铜板饱餐了一顿。

他们就这样不断探访一些有名望的人，还为一些店铺写对联、招牌等，得到一些钱，解决了吃饭问题。

至于住宿，对他们来说就好办多了，随便什么地方都行。一天，在去安化县城的路上，夜深人静了，他们两人还在沿河滩赶路。走着走着，毛泽东一指河床，冲萧子升说："咱们今晚在这里过夜如何？这沙滩不是很舒服的床吗？"

萧子升会意地点了点头。

接着，两人搬来两块又平又大的石头当枕头。又把两人的行李挂到身边的一棵老树上。收拾停当，他们倒地而卧。毛泽东突然吟诵起来："沙地当床，石头当枕，蓝天为帐，月光为灯，老树为柜！"吟毕，引得两人不由得一阵大笑。

刚刚躺下，萧子升爬起来说要去河里洗脚，还说这是他多年的习惯，如果不洗，就睡不好觉。毛泽东笑着说："你还要保持你那绅士的习惯呀？你是一个要饭的绅士呢！今晚试试不洗脚，看能不能睡得着！"

当然,毛泽东做"游学先生",决非单为了学会如何解决食宿问题,更主要的,是为了深入社会、深入实际,向社会学习、向人民群众学习,以使自己掌握书本上没有的知识。这就是毛泽东所说的,不但要会读死的书本、有字之书,还要会读"活"的书本、"无字之书",即了解、认识社会。所以,每到一地,毛泽东他们总是以主要精力进行社会调查,了解社会的各个层面,了解各地的历史沿革、地理概况、文物遗存、风土人情及风俗习惯等,学到了大量书本上没有的知识。

毛泽东他们到达宁乡县城,在一个同学家住下后,就到宋家潭找农民了解生产、生活状况。接着又走访了当地的劝学所、玉潭高小及香山寺。后来,他们又步行 100 多里,来到朋友何叔衡家,受到何家全家人的热情接待。他们在何家住了几天,看了何家的猪圈、牛栏、菜园、稻田和山林,了解了何家的经济收入与生活状况及家庭历史,还走访了何叔衡的堂兄弟和附近的农民。

毛泽东一行还去宁乡沩山密印寺,拜访寺里的方丈,向他询问全国寺院、和尚的数量和分布情况,了解佛教方面书籍的出版情况,讨论佛家的经义和儒家经典,参观佛殿、菜园、大厨房、斋堂和寺中的其他地方。他们在这里受到了很好的接待。老方丈与他们共进晚餐,众僧人纷纷请他们在扇子上题字留念。

一天,他们来到一个叫巷子口的地方,遇上了一位姓王的老汉,就与老人攀谈起来。当听说他们是游学一路乞讨而来时,老人说:"当叫花子没有什么不好,叫花子也是人,而且是诚实正直的人。比当官的要诚实得多。"老人告诉毛泽东,当官的多数都不廉洁,老人当年在县衙门当守卫时,知道县太爷满脑子想的就是钱,谁想打官司,谁就得给他送钱送礼,打赢官司的一方总是送钱送礼多的一方。

"县太爷不怕被人告发吗? 输官司的一方不会到省城告他一状吗?"毛泽东问。

"怕什么? 他才不在乎呢! 在省城里打官司比在县城花费更

大，没有足够的钱去贿赂县官，哪有足够的钱去贿赂省府里的大官呢？那就更没有打赢官司的希望了。更何况官官相护，谁替穷苦百姓说话呢！"

"这是什么世道！"听了老人的话，毛泽东非常气愤。一路上，他与萧子升为社会上的这些不平的事讨论了好久。

这次游学，毛泽东他们历时一个多月，行程近千里，游历了长沙、宁乡、安化、益阳、沅江5个县的不少乡镇。一师的同学看过毛泽东写的笔记后，称赞他是"身无分文，心忧天下"。后来毛泽东又与蔡和森等多次去游学。在游学中，他们结交了农民、船工、财主、县长、翰林、劝学所所长、寺庙方丈等各方面人物。这使他们了解了中国城乡社会，学到了许多书本上没有的知识。同时，也培养了深入实际、深入群众调查研究的作风。这对于毛泽东后来担当革命重任，无疑是一种很有意义的锻炼。

游学

征友

毛泽东自幼善于与人交往。进入第一师范后,由于他性格开朗,热心待人,又品学兼优,在同学中威望很高。不久,他就在同学中结交了不少新朋友。

1915年暑假过后,毛泽东琢磨出一种独特的交友方式:以"二十八画生"(即"毛泽东"三个字的繁体字笔画数)的署名,发出了一则"征友启事",邀请能够吃苦耐劳、意志坚定、随时准备为国捐躯的热血青年作为朋友。启事是他自己刻蜡板油印的。他把启事寄往长沙各学校。寄启事的信封上还写着一行醒目的字:"请张贴在大家看得见的地方。"他还将启事贴在了长沙几个城门口和照壁上。

毛泽东的举动使不少同学和老师大感诧异。启事寄达的一些学校校长也不理解。有的认为毛泽东是个怪人;有的认为征友不怀好意,无非是为了找女学生谈恋爱之类,于是不让张贴。湖南省立第一女子师范学校一个姓马的校长,还非要把这件事查个水落石出不可。他亲自去第一师范,找到校长,打听"二十八画生"究竟是个什么人。从那里他才了解到,"二十八画生"就是毛泽东,是个学习勤奋、品行优良,深受师生称赞的好学生。

那么,毛泽东为什么要发征友启事呢?

毛泽东非常关心国家大事,时常为中国的内忧外患心潮难平,决心探求救国救民的道路。1915年9月15日,陈独秀主编的《青年杂志》创刊(自1916年9月起更名为《新青年》)。毛泽东成了这一刊物的热心读者。陈独秀、李大钊、胡适等先进知识分子的文章,大大开启了他的思路。毛泽东觉得有必要在更大的范围内,结交更多的志同道合者,进而建立一个新的、更加严密的组织,来研讨中国的出路问题。因此,他要广泛征友。

"征友启事"发出后,很快就有人应征。在毛泽东周围,逐渐聚集起一批进步青年。其中大多数是一师的学友(包括一些已毕业的),也有长沙各中等学校的学生。正在长郡中学读书的罗章龙,就是看到《征友启事》后与毛泽东结识的。这批青年多来自农村,了解民间疾苦,没有少爷公子的浮华,充满着以天下为己任的社会责任感,朴实而充满朝气。节假日,他们经常到岳麓山、橘子洲、平浪宫等风景名胜处聚会,议论世事,臧否人物,登高吟咏,斗韵唱和,但从不谈身边琐事。毛泽东曾填词追忆这段往事:

> 恰同学少年,
>
> 风华正茂;
>
> 书生意气,
>
> 挥斥方遒。
>
> 指点江山,
>
> 激扬文字,
>
> 粪土当年万户侯。

经过两年多的交往、聚会,一起讨论国家、社会的重大问题,大家相互加深了了解,认识上也不断得到演进和趋向统一。一个以毛泽东等人为核心的进步组织正在悄然形成。在此期间,他们又受到了新文化运动的影响,思想上发生了剧烈的变化。建立一个新型进步社团的条件日趋成熟。1917年冬,当毛泽东、蔡和森、萧子升等提议组织一个正式团体时,立即得到了大家的响应。于是,成立新团体的工作便紧锣密鼓地开展起来了。

1918年4月14日,是个星期天。这一天,晴空万里,春风和煦。一大早,一群朝气蓬勃的青年,毛泽东、蔡和森、萧子升、何叔衡、萧三、张昆弟、陈书农、邹鼎丞、罗章龙等十多人,先后来到了岳麓山脚下刘家台子的蔡和森家中。他们是来参加自己的新组织成立会议的。大家经过热烈讨论,通过了新团体的会章,决定以"新民"为会名,以"革新学术,砥砺品行,改良人心风俗"为宗旨。同时规定了学会纪律:"一、不虚伪;二、不懒惰;三、不浪费;四、不赌博;五、不狎妓。"从此,一个比较严格的新型社团——新民学会成立了。

新民学会成立后,会员很快发展到七八十名。学会通过组织会员举办各种讨论会,创办文化书社,开办工人夜校,宣传十月革命的胜利,传播马克思列宁主义,进而发展为以"改造中国与世界"为己任的革命团体,为湖南共产党组织的建立奠定了思想、理论和

■ 1919 年 11 月 16 日,新民学会会员在长沙周南女校合影(第五排左四为毛泽东)

组织上的基础。新民学会会员蔡和森、萧三、张昆弟、李维汉、郭亮、向警予、蔡畅、陈昌、罗学瓒、夏曦、何叔衡、罗章龙等许多人,后来都成了中国革命史上著名的人物。

征友

野蛮其体魄

　　毛泽东青年时代曾提出一个口号："文明其精神，野蛮其体魄。"按照毛泽东的说法，在追求远大人生目标和高尚思想境界的同时，要常使身体经受种种超出常规的磨炼，以强筋骨、增知识、调感情、强意志。

　　毛泽东为什么这样重视身体锻炼呢？原来他12岁那年，害了一场大病，险些性命不保，闹得全家人为他忧心如焚。后来病虽然好了，人却变得十分瘦弱。直到辍学在家，干了两三年的强体力劳动，他才渐渐变得壮实起来。这使毛泽东明白了一个道理：要想身体好，就得让身体多吃苦、多锻炼。从此，他便开始了有意识的锻炼。后来，随着使命感的日益增强，他对身体的锻炼也更加自觉和重视了。尤其是在一师求学期间，他既是全校最积极的体育活动的倡导者，也是全校最顽强的锻炼者。

　　怎样"野蛮其体魄"呢？毛泽东当时采用了很多项目，如：冷水浴、日浴、风浴、雨浴、游泳、爬山、远足、露宿以及体操和拳术等等。

　　冷水浴是毛泽东到一师后从恩师杨昌济先生那里学来的。洗冷水浴是杨先生常年坚持的锻炼项目。受杨先生影响，毛泽东也是一年四季坚持不懈。每天早上，天刚蒙蒙亮，毛泽东就一个人悄悄起床，来到校东北角浴室旁的一口井边，脱光上衣，吊上一桶接一桶的水往身上浇，然后用浴巾擦身，擦后又淋，淋后又擦，直到全身发红发热为止。即使在天寒地冻的日子里，他也从不间断。同学们问他为什么这样做，他说，冷水浴很有好处，既可强筋壮骨，又可练习猛烈与无畏，冬天更是如此；虽说坚持不辍很不容易，但只要有决心，有毅力，就会习惯成自然，就能坚持到最后。确实，毛泽东这一习惯几乎坚持了一生，直到晚年，他也坚持不用热水洗澡。

毛泽东还坚持日浴、气浴、风浴、雨浴、雪浴。当烈日如炽、狂风大作、寒气逼人、暴雨倾盆、大雪纷飞之时，毛泽东将其视为锻炼的良机，常自己或与友人一起，或赤身静立，或飞奔呼喊，勇敢地接受大自然的洗礼。一个盛夏的夜晚，狂风大作，雷雨交加。一道闪电过后，现出一个强健的身影正在奋力冲向岳麓山顶。这个人就是独自行风雨浴的毛泽东。到达山顶之后，他又从山顶跑下，来到好友蔡和森家。蔡母见他头发和衣服都粘到了身上，浑身湿透，脚

■ 毛泽东打凉水擦身的水井

底下一会儿就流了一大片水,赶忙问出了什么急事。谁知毛泽东笑哈哈地说,他这是为了体验《书经》上写的"纳于大麓,烈风雷雨不迷"的情趣。

毛泽东也非常喜爱野游和爬山,他经常与同学一道郊游。每逢星期日,他就邀集一些朋友到长沙郊外的金盆岭、银盆岭、猴子石等地去散步,走上一两个小时,边走边讨论国家和社会的各种问题,了解沿途的风土人情和百姓的生活状况。如果时间允许,他就会不失时机地组织同学远足。1917年9月16日,是个星期天,他与同学张昆弟、彭泽厚从学校出发,步行去四五十里之遥的昭山。当时天气炎热,三人沿铁路前行。刚走了十多里,他们就汗流浃背,又热又渴了。到铁路旁的一个小茶店稍事休息,饮茶润喉后,

■ 长沙岳麓山顶的爱晚亭

又继续前行近20里,才在一个饭店吃午饭。午后又继续前进十七八里,时近黄昏,方到达目的地昭山。他们三人沿石阶拾级而上,但见湘水清临其下,高峰秀挹其上,昭山风景秀丽真是名不虚传!这一晚,他们就留宿在山上的昭山寺里。

毛泽东认为,爬山能扩大肺活量,又能激发人攀登向上的精神,因而特别喜爱这一活动。岳麓山与毛泽东所在的一师仅有一江之隔,此山挺拔奇秀,面临湘江,攀登其上,会令人顿感心旷神怡,超凡远俗。因此爬岳麓山成了毛泽东和同学们最经常的锻炼项目之一,山上到处布满了他们的足迹。他们有时就住在岳麓山上。早上,下山去洗个冷水澡,然后到山顶的爱晚亭读书和讨论问题。每天只在中午吃一顿蚕豆饭。晚上,他们谈论国家大事直到深夜,才各自在草地上找一块地方露宿。回学校后,他们仍保持这一习惯,露宿在操场上,寒霜降临后仍在坚持。

毛泽东青年时代最喜爱、最擅长的运动是游泳。他曾满怀激情地说:

> 自信人生二百年,
>
> 会当水击三千里。

一师的对面是滔滔北去的湘江。湘江江宽水深,是天然的游泳场。毛泽东泳技好,胆量大,耐力强,时常去江中畅游一番。他不仅夏日游,春秋游,甚至"直至隆冬,犹在江中"。他特别喜欢和蔡和森、张昆弟一道在江中泅游,有时一游就是一整天。他还在学校组织了一个近百人参加的游泳队。晚饭后,在他带领下,大家涌入江中,挥臂击水,好不热闹。

1918年3月,上海著名学者李石岑应邀来一师讲演。因为李先生还是一位有名的游泳专家,待他讲演之后,毛泽东就请他到湘江边当场教授游泳技巧。听了李先生的讲解示范之后,虽然当时春寒未退,冷气袭人,毛泽东当即带头和30多位同学接连跃入江中练习,一练就是三四十分钟。

毛泽东游泳的爱好一直保持到晚年。他70多岁高龄时还在

野蛮其体魄

畅游长江。

毛泽东青年时代勇于锻炼,善于锻炼,乐于锻炼,在持之以恒的锻炼中强健了体魄,磨砺了意志。这为他后来担负中国革命和建设的重任创造了良好的条件。

主张大留学

毛泽东从青年时代起，就主张吸收外国知识，主张出洋留学。他称自己"是一个主张大留学政策的人"。

1918年4月，毛泽东、蔡和森等成立新民学会之后，为了开阔思想，增长见识，学会成立伊始，即决定派罗章龙等到日本学习。临行前，学会会员在长沙北门外的平浪宫为他饯行。毛泽东特地写了一首七言古诗送行：

> 云开衡岳积阴止，
> 天马凤凰春树里。
> 年少峥嵘屈贾才，
> 山川奇气曾钟此。
> 君行吾为发浩歌，
> 鲲鹏击浪从兹始。
> 洞庭湘水涨连天，
> 艨艟巨舰直东指。
> 无端散出一天愁，
> 幸被东风吹万里。
> 丈夫何事足萦怀，
> 要将宇宙看稊米。
> 沧海横流安足虑，

世事纷纭从君理。

管却自家身与心，

胸中日月常新美。

名世于今五百年，

诸公碌碌皆馀子。

平浪宫前友谊多，

崇明对马衣带水。

东瀛濯剑有书还，

我返自崖君去矣。

送友求学东洋之际，毛泽东抒豪情、寄壮志，其勃勃兴致是不难想见的。本来毛泽东也准备不久即赴日留学的，只是日本政府对中国留学生的态度突然变得十分恶劣，留日学生纷纷回国，罗章龙和毛泽东都未能成行。

6月，正当毛泽东从一师毕业时，他忽然收到恩师杨昌济从北京寄来的一封信。杨先生告诉他，法国要到中国招募华工，吴玉章、蔡元培、李石曾等在北京组织了华法教育会，帮助青年用半工半读的方法到法国去求学，这种留法勤工俭学运动已在北京、上海等地展开。杨先生特别希望毛泽东也能组织湖南学生赴法勤工俭学。毛泽东看信后，高兴极了。即刻和同住岳麓山的蔡和森、张昆弟等人商议，决定通过新民学会会员，首先在长沙发起这一活动，并派蔡和森先到北京打前站。

经过一段深入的宣传、发动工作，报名赴法的青年学生已达几十人，并陆续前往北京。这时蔡和森却来信说北京方面困难很多，催毛泽东赶快到北京去。于是，1918年8月15日，毛泽东和萧子升、张昆弟、李维汉、罗学瓒等24名青年，奔赴向往已久的北京。

由于途中受阻于洪水，8月19日，毛泽东一行才抵京。这是毛泽东第一次来到北京。这时，湖南到京准备赴法的青年学生已有50余人，是全国来的人数最多的省份。可是，赴法的事却遇到了各种难题。听说毛泽东到了，大家都来找他，不少人还冲他发起牢骚来。

毛泽东详细了解了情况，发现问题主要有 3 个：一是每人要准备好几百块钱的旅费，一时难以筹措；二是要向政府交涉，办理去法国的护照；三是要学法文。这几个问题解决不了，赴法就不能成行。毛泽东一方面劝大家要耐心等待，说这是好事多磨；同时表示一定要想办法帮助大家解决困难。

随后，他和蔡和森等几个人经过反复商议和多方联系，终于为大家找到了排忧解难之策：首先，把到京的几十个人分别介绍到北京、河北的保定和蠡县的 3 个留法预备班学习法文；其次，与各有关方面谈妥，帮助筹措赴法旅费；再次，请华法教育会帮助解决去法国的护照问题。经过几个月的紧张工作，这些问题一一有了着落。

1919 年春，在北京的部分湖南学生获准第一批赴法。毛泽东数月的辛劳有了成果，他是多么高兴啊！他不顾自己的许多困难，一定要陪这批同学去上海。可是，这时他身上的钱仅能买一张到天津的车票。一个同学借给他 10 块钱，才买了到浦口的车票。到浦口下车后，他身上一个钱也没有，脚上的鞋也失落了。多亏遇到一位熟人，借给他足以买一双鞋子和到上海车票的钱，他这才到了上海。

这时，忽然喜从天降，有人要送给毛泽东一笔足以去法国留学的钱——原来，朋友们见毛泽东一个心眼为大家，把出洋的问题一一解决，用种种方法筹来了所需经费，谁心里不感动呀！再说大家也知道，毛泽东是早就有志于出洋留学的。于是，大家就想给毛泽东一个意外的惊喜：将暗中为他筹措的钱直到现在才送给他。

"谢谢大家的好意！我现在还不想去留学。"毛泽东说。

"这是为什么呢？"大家有些莫名其妙了。

毛泽东稍停了片刻，语重心长地对大家说："外国要有人去，去看新东西、学新东西，这是我们国家的需要。可我们本国呢？也要好好研究啊！"他接着说，把本国问题搞清楚，才能更好地学习外国。现在，自己对本国的许多问题还不够清楚，所以想留下来先深入研究一些本国问题。

■ 1920 年 5 月 8 日,毛泽东到上海为新民学会赴法勤工俭学的会员送行,在半淞园
　举行会议后合影(左七为毛泽东)

　　不久,蔡和森、萧子升等赴法勤工俭学的青年们启程出洋,登
上了远航的客轮。毛泽东送别出洋的朋友后,返回湖南,深入群
众,深入社会,去开展革命活动了。

"问苍茫大地，谁主沉浮"

毛泽东青年时代，中国正处于内忧外患交织、社会激烈动荡的时期。胸怀救国救民大志的毛泽东，不但学习勤奋刻苦，学习成绩出类拔萃，而且时刻关心国家大事，在社会政治活动中，显示出超人的气魄、胆识和卓越的宣传、组织能力。

1915 年 5 月，袁世凯为了换取日本帝国主义对其复辟帝制的支持，竟然接受了日本提出的灭亡中国的"二十一条"。消息传出，全国人民义愤填膺，掀起了声势浩大的反袁运动。正在湖南一师读书的毛泽东，闻讯极为气愤。全校师生集资编印了揭露日本侵华和袁世凯卖国罪行的《明耻篇》一书，毛泽东在书的封面上挥笔写下了 16 个大字：

五月七日

民国奇耻

何以报仇

在我学子

这年从夏天到冬天，毛泽东为反袁斗争奔走呼号。即使暑假期间，他也住在长沙，坚持写文章、演说。在毛泽东等大批革命青年的大力推动下，长沙人民掀起了一浪高过一浪的反袁浪潮。

为了更好地开展社会活动和斗争,实现自己的政治抱负和理想,毛泽东积极参加和组织校内外进步社会团体,从中物色志同道合者,共同奋斗。1917年秋,他担任一师学友会总务兼教育研究部部长后,解决了学校和同学们关切的许多问题。他主持举办的工人夜校,受到了工人们的欢迎。

他和蔡和森等于1918年4月精心组织的新民学会,成为一个牢固的有着强大生命力的革命团体。在湖南,乃至在中国近现代史上,都产生了相当可观的影响。

1919年5月,五四运动爆发。全国各省、市的学生都起来响应。毛泽东在长沙,站在了斗争的最前列。他领导新民学会会员深入长沙各校宣传鼓动,并积极推动成立了新的湖南学生联合会。在学联的组织下,长沙各校学生统一罢课,向北京政府提出了拒绝巴黎和约、废除一切不平等条约等6项要求。

1919年7月14日,湖南学生联合会正式出版会刊——《湘江评论》。毛泽东被聘请担任主编和主要撰稿人。25岁的毛泽东全力投入了刊物的编辑工作,将火热的革命激情注于笔端。他在《创刊宣言》中写道:

世界上什么问题最大?吃饭问题最大。什么力量最强?民众联合的力量最强。什么不要怕?天不要怕,鬼不要怕,死人不要怕,官僚不要怕,军阀不要怕,资本家不要怕。

天下者,我们的天下;国家者,我们的国家;社会者,我们的社会;我们不说,谁说?我们不干,谁干?

毛泽东号召人们以天下、国家为己任,以主人公的姿态,向黑暗势力进攻。

1919年秋,毛泽东在湖南组织、领导了声势浩大的驱逐军阀张敬尧的运动,在省内外产生了重大影响。

张敬尧是个皖系军阀。1918年3月,张敬尧率北洋军进入湖南,赶走了原驻湖南的湘桂联军司令谭浩明,爬上了湖南督军兼省长的宝座。他主政湖南两年多,作恶多端,罪行累累,诸如纵兵掠抢、搜刮民财、摧残教育、钳制舆论、伪造选举、强种鸦片等等，无所不为，湖南人民对张敬尧恨之入骨。当时毛泽东正在从事教育工作和舆论宣传，张敬尧却野蛮地摧残教育，并封禁了毛泽东任主编的《湘江评论》，解散了湖南学生联合会。1919 年 12 月 2 日，张敬尧用武力镇压了长沙学生、教员、店员、工人共同发起的焚烧日货的爱国运动。这一切，使毛泽东感到，再也不能容忍这样一个封建军阀骑在湖南人民头上胡作非为了！他决心发动一场大规模的驱张运动，赶走张敬尧。

毛泽东召集新民学会和原学联的干部分析了形势，指出当前北洋军阀内讧是驱张的大好时机，要使湖南学生成为驱张运动的主力，并尽可能吸收教员和新闻界参加，同时要大力争取外省舆论的声援和支持。经过讨论，决定驱张运动先从发动全省学校总罢课开始。

11 月 16 日，湖南学联重新恢复。在学联的组织、发动下，12 月 6 日，长沙中等以上学校统一罢课。学生联合会代表长沙全体学生向全国发出战斗誓言："张毒一日不出湘，学生一日不返校。"

总罢课当天，驱张代表团也分赴北京、衡阳、常德、郴州、广州、上海等地联络请愿。毛泽东亲率驱张代表团奔赴北京。抵京后，他们四处联络，宣传驱张，获得了广泛的同情和支持，先

■ 毛泽东在湖南一师刊印的《明耻篇》封面题词："五月七日 民国奇耻 何以报仇 在我学子"

后组成了"旅京湖南各界联合会"、"旅京湘人驱张各界委员会"等。还成立了"平民通讯社",毛泽东自任社长,他起草发出了大量驱张的稿件、呈文、通电、宣言,分送京、津、沪、汉各报发表。1920年1月28日,大雪纷飞,北风劲吹,毛泽东率领湖南代表团和一批北京群众组成的游行队伍,手执写着控诉张敬尧罪行的小旗子,浩浩荡荡直奔新华门,向北洋政府请愿。毛泽东作为请愿代表,向北洋政府总理靳云鹏历数了张敬尧祸湘虐民的20大罪状,义正辞严地提出了驱张要求。驱张代表团在京先后进行了7次请愿活动,空前扩大了驱张运动的影响。4月11日,毛泽东又离开北京去上海,推动上海驱张斗争的开展。

■ 湖南省学联会刊《湘江评论》

张敬尧在省内外一致声讨下,像热锅上的蚂蚁,惶惶不可终日。尽管他采取了各种恫吓和镇压手段,驱张运动的烈火却越烧越旺。加之这时直、皖两系军阀的矛盾已趋于激化,直系军队和湘军已步步紧逼长沙。张敬尧在民众和军事双重压力下,不得不于6月间仓皇逃离湖南。经过数月的艰苦奋战,毛泽东等领导的驱张运动终于取得了胜利。这一运动有力地揭露和打击了封建军阀,教育和发动了人民群众,推动了全国反军阀运动的发展。

　　经过救国救民斗争的磨炼,毛泽东成为坚定的马克思主义者。他创建了湖南社会主义青年团和共产主义小组,出席了中国共产党第一次全国代表大会,成为中国共产党的主要缔造者和领导者。经过中国共产党领导的艰巨而伟大的革命斗争,中国终于发生了翻天覆地的变化。

　　在回顾青年时代的革命活动时,毛泽东曾写下充满激情的词篇:

　　　独立寒秋,湘江北去,橘子洲头。

　　　看万山红遍,层林尽染;漫江碧透,百舸争流。

　　　鹰击长空,鱼翔浅底,万类霜天竞自由。怅寥廓,问苍茫大地,谁主沉浮?

　　　……

「问苍茫大地,谁主沉浮」

工人力量大如天

毛泽东早在一师读书时，就开始办工人夜校。

1917年10月，一师学友会改选，毛泽东担任总务，还兼教育研究部部长。以前这两个职务都是由教员担任的。学友会的会长虽然仍由学监方维夏代理，但学友会的工作实际上由毛泽东主持。

新一届学友会领导人产生后，立即研究学友会以后要开展的活动。在讨论办不办工人夜校时，大家的意见出现了分歧。有人说不能办，理由是这年上半年，一师教员们曾办过工人夜校，但办得很不成功，结果就半途而废了。这时，毛泽东谈了自己的看法。他认为，学校必须联系社会，办工人夜校就是一条好路；再说，工人不能求学是不合理的，他们不识字会碰到许多难处，是很痛苦的，我们应该为工人多想一想。所以，工人夜校应该办下去。他充满信心地说，只要我们认真去办，就一定能办好。大家终于被说服了，决定工人夜校就由毛泽东负责的教育研究部来办。

说干就干。10月30日，毛泽东不用通常写作所用的文言体，而是用通俗易懂的白话写了一则《夜学招学广告》。这在当时是很少见的。广告说：

列位大家来听我说句白话。列位最不便益的是什么？大家晓得吗？就是俗语说的，讲了写不得，写了认不得，有数算不得。都是个人，照这样看起来，岂不是同木石一样！所以，大家要求点知识,写得几个字,认得几个字,算得几笔数,方才是便益的。虽然如此,列位做工的人,又要劳动,又无人教授,如何能到这样,真是不易得的事。现今有个最好的法子,就是我们第一师范办了一个夜学,今年上半年学生很多,列位中想有听到过的。这个夜学专为列位工人设的,从礼拜一起至礼拜五止,每夜上课两点钟;教的是写信、算账,都是列位自己时刻要用的。讲义归我们发给,并不要钱。夜间上课又于列位工作并无妨碍。若是要来求学的,请赶快于一礼拜内到师范的号房报名。有人说时事不好,恐怕犯了戒严的命令,此事我们可以担保;上学以后,每人发听讲牌一块,遇有军警查问,说是师范学校夜学学生就无妨了。快快来报名,莫再耽搁!

广告写好后,托警察到街头广为张贴。

不难看出,广告的字里行间,都倾吐着为工人弟兄分忧解难的拳拳之情!然而事与愿违,几天过去了,却很少有工人来报名。

遇到难题了,毛泽东并不泄气。他找同学们一起来分析原因。最后弄明:上学不要钱,工人们不相信会有这样的好事;不识字的人看不懂街上贴的广告;让警察去贴广告,人们也有点害怕。于是,他就组织一批同学挨门挨户到工人家里去动员、解释,结果5天后就有120多名工人来报名学习了。在《夜校日志》中毛泽东曾写道:他和同学们去向工人们宣传和分发广告时,"大受彼等之欢迎,争相诘问,咸曰:'读夜书去!'"

在一师办工人夜校,使毛泽东开始了解工人的生活和思想情况,和工人阶级初步建立了感情,也使他取得了一定的联系工人和开展社会工作的经验。

1918年6月,毛泽东毕业离开了一师。因无人主持这项工作,工人夜校停办了。1920年秋,毛泽东回到长沙,任第一师范附小主事,再次决定办工人夜校。与原来办夜校不同的是,过去的夜校是教给工人文化知识,这次则主要是进行马克思主义的启蒙教育,提高工人的阶级觉悟,使他们认识自己的地位和使命。因为现在的毛泽东已经是一个马克思主义者了。

　　毛泽东在长沙通过工人夜校，深入细致地组织、发动工人参加革命运动，为长沙建立共产党组织奠定了坚实的基础。其间，毛泽东关于工人力量大如天的讲课更是传为美谈。

　　长沙城里有不少人力车工人，他们生活在社会的最底层，受剥削、受欺压最重。他们曾多次反抗过，但由于没有组织起来，没有正确的领导，每次反抗都失败了。他们呼天天不应，叫地地不灵，只好埋怨自己命苦，是八字不好。

　　在深入了解了这种状况后，毛泽东就通过办夜校来提高人力车工人的觉悟。

　　一天晚上，毛泽东又来人力车工人夜校上课了。课堂里，一盏汽灯照得锃明瓦亮，坐得满满的工人们正在等毛先生来讲课。毛

■ 一师工人夜学旧址

泽东大步走上讲台,同工人们打了一个招呼后,转身在黑板上由上而下写了两个大大的字:工人。写完后,他转过身来,亲切地望着大家说:"工友们,不是有人说我们工人命苦,没出息,一生一世也出不了头吗? 不是的! 咱们工人力量最大,最有出息!"

两句话,把听课的人们吸引住了。大家聚精会神地望着毛泽东,课堂上一点声音也没有。

"大家不是讲'天'最大吗?"毛泽东一转身,指着黑板上写的两个字说:"大家看,'工'、'人'两个字连到一起,不就是一个'天'字嘛! 只要大家团结起来,力量就会像天一样大!"

毛泽东进一步启发大家:"天上没有玉皇,地下没有阎王。我们过不上好日子,不是命不好,八字不好,而是国外的帝国主义和国内的封建主义勾结起来,一起压榨我们的结果。要想不受压迫,不受剥削,就得团结起来闹革命,推翻这吃人的黑暗世道。"

毛泽东的一席话,使课堂"轰"的一声沸腾起来了。有的说:"以前,总觉得穷人挨饿受累是命中注定,听毛先生这么一讲我才弄清这个理了,原来是这个鬼世道造的孽!"也有的说:"过去咱们为什么没闹出个名堂来呀,咱吃亏就吃亏在大家没抱团啊!"有的说:"毛先生说得对,工人力量大如天! 只要我们大家团结起来,就没有闯不过的火焰山!"

通过毛泽东等人在工人夜校的细致教育,工人的觉悟迅速提高。全市的人力车工人都组织起来了。随后,在毛泽东的领导下,长沙人力车工人举行了一次几千人的大罢工。在声势浩大的罢工工人面前,省长赵恒惕也失去了往日的威风,不得不答应了工人们提出的条件。

举家走上革命路

1920 年冬，毛泽东与志同道合、深深相爱的杨开慧结婚。从此，杨开慧一直协助毛泽东开展革命工作，并于 1921 年加入中国共产党。在他们义无反顾地投身革命的同时，毛泽东对家中其他亲人们也有了新的想法。

当时，毛泽东的父母已经去世。他把小弟毛泽覃接来长沙读书。家中的房舍、农田以及店铺的管理经营，都由大弟毛泽民夫妇来担负。

1921 年 2 月，毛泽东带着小弟毛泽覃从长沙回韶山过春节。

年三十晚上，毛泽东全家：大哥毛泽东，大弟毛泽民夫妇，小弟毛泽覃，以及堂妹毛泽建等，团团围着火塘守岁。

火塘里跳动的熊熊火光，平添了几分过年的喜庆气氛。大家一边烤火，一边吃着家乡的土果品，说着一些奇闻趣事，不时发出一阵阵笑声，真是其乐融融！

这时，毛泽东看着泽民，拉起了家常："这几年我不在家，泽覃也到长沙读书，家里只有你们两口子撑着。母亲死了，父亲死了，都是你们安葬的，我没有尽孝，家里的事让你们费心了。"

"费心倒莫讲，我们在家还能不尽力！只是这些年来日子是越来越不好过了。"毛泽东一席话，勾起了泽民心中艰辛的回忆：

"民国 5 年，家里起了一次火；民国 6 年，修房子，母亲又病倒

■ 毛泽东夫人杨开慧与长子毛岸英(右)、次子毛岸青合影

了；民国7年，败兵几次来家要谷要钱，强盗又来抢了几次；民国8年死娘，不久又死爹；民国9年安葬父母，还有给泽覃订婚……这要用多少钱呀！"泽民无奈地摇了摇头，接着说：

"钱从哪里来呢？只有卖田产一条路了！我想了，就先卖掉桥头湾的那块吧。那儿是好田，能多换几个钱。可我们20亩田的谷本来就只够糊口的，往后日子怎么过啊？"说完这句话，泽民长叹了一口气，沉默了。

"是不是还欠人家的一些钱啊？"毛泽东问。

"我们欠人家的，就是义顺堂（即毛贻昌做生意的对外招牌）的几张票子。欠人家的票子，总得还钱啊！"

"能抵债的有么子东西？"

"家里还有两头猪，再有就是仓里的两担谷子了。别人倒是欠我们几头牛，牛在人家喂着呢。"

了解了家里的情况后，毛泽东思考了一下，对泽民说："家里的困难是越来越大了。这是当今的世道造成的。败兵抢东西，日子不好过，不是我们一家人的事，这就叫国乱民不安嘛！"几句话说得大家直点头。

接着，毛泽东用关切而肯定的语气对泽民说："我的意思是田不好做就不做了，这些田你们两口子也做不了。现在就离开这个家，跟我出去做些事，做些对国家、民族有利的事。润连（毛泽民）小时在家劳动，没读多少书，出去先学习一下。"

毛泽民夫妇听毛泽东说完这番话，都瞪起了惊愕的眼睛。毛泽民摸着后脑壳说：

"哥哥你说的不是开玩笑吧？我们都走了，这个家就不要了吗？"

"你们不要舍不得这个家。这叫作舍小家为大家，舍家为国嘛！为了让人们都有一个美好的家，我们只得先离开自己的家啊！"

"哥哥说得有道理。可家里的屋子怎么办？田怎么办？账目又怎么办？"

■ 1919 年毛泽东(右一)、毛泽民(右三)、毛泽覃同母亲在长沙合影

"好办,好办得很哩!"毛泽东爽朗地笑起来了。他告诉泽民,家里的房子可以给人家住,田地也送给人家种。欠人家的钱,把栏里的猪卖掉,一次还清。人家欠的钱就不要还了。那几头牛,还是让别人去喂,要春耕了,人家用得着,不能逼人家卖牛来还钱。仓里剩的谷子,到春耕时粜给那些缺粮的人吃就行了。

毛泽民夫妇一边听着,一边点头。虽然一想到就要离开从小居住的房屋、长年劳动的田地、精心喂养的耕牛,心中就充满了眷恋之情,但他们已经为哥哥那坚定的信念和博大的胸怀所深深打动了。他们也要像哥哥那样,走出韶山冲,去过一种新的生活,去干一番于国于民有利的大事业。于是,他们欣然表示赞同哥哥的意见。

"你打算怎么办呀?"毛泽东转过脸来,望着坐在自己身旁听得入神的堂妹毛泽建,问道。

"跟你走!跟你去读书,去干大事!"泽建不假思索地答道。

毛泽东听了很高兴,当即答应了她的要求。

过完春节,毛泽民遵照哥哥的意见,很快安排好了家事。泽民夫妇带着孩子,和泽覃、泽建先后告别乡亲,前往长沙,踏上了充满艰险和希望的革命之路。从此,毛泽东全家都参加了革命。在艰难激烈的革命斗争中,他家先后有6位亲人,即夫人杨开慧、大弟毛泽民、小弟毛泽覃、堂妹毛泽建、长子毛岸英、侄儿毛楚雄(毛泽覃之子),为革命壮烈牺牲,成为一个献身国家和人民的革命家庭。

缔造共产党

1921 年 6 月底的一个傍晚,停靠在长沙小西门码头的一艘小火轮,缓缓驶离江岸,顺湘江北去,穿越洞庭湖,驶入长江。

毛泽东站在船头,望着远处江岸点点灯火,若有所思。江风吹散了他的头发,更显英姿勃勃。他的身旁,是一位比他大 17 岁的长者,叫何叔衡。今天,他们携带简单的行李前往上海,要完成一项开天辟地的历史使命。

俄国十月革命一声炮响,给中国送来了马克思主义。中国无产阶级开始以巨人般的姿态走上了政治舞台,中国各地开始有了马克思主义的无产阶级的政党——共产党便在这种形势下应运而生了。

毛泽东在湖南,通过组织新民学会会员的讨论会,创办文化书社,成立俄罗斯研究会,开办工人夜校等形式,以极大的热情宣传十月革命的胜利,传播马克思列宁主义。1919 年 7 月,湖南学生联合会刊物——《湘江评论》正式创刊,毛泽东被推选为主编。1920 年冬,他和何叔衡在长沙建立了共产党早期组织。这些都为中国共产党的诞生做了思想上、理论上以及组织上的准备。1921 年 7 月初,各地共产党早期组织的代表汇集上海,商讨成立全国性的共产党组织。

上海法租界内望志路 106 号(现为兴业路 76 号),是同盟会元老李书城的寓所。时值盛夏,李书城一家到外地避暑,由他的弟弟李汉俊照料房子。李书城不知道他的弟弟李汉俊已是上海共产党早期组织的成员。

7月23日,中国共产党第一次全国代表大会在这座寓所里秘密举行。会场不大,面积不过18平方米。一个长方桌周围围坐着来自各地的共产党早期组织的13名代表,他们是:上海的李达、李汉俊,北京的刘仁静、张国焘,长沙的毛泽东、何叔衡,武汉的董必武、陈潭秋,济南的王尽美、邓恩铭,广州的陈公博,旅日的周佛海,以及党的主要创始人陈独秀指派的代表包惠僧,他们代表着全国50多名党员。共产国际代表马林、共产国际远东书记处代表尼科尔斯基出席了会议。

■ 中共一大会址

会议由张国焘主持,中心议题是讨论党的纲领和制定实际工作计划。

毛泽东为会议作记录,也作过一次发言。他不像在座的李汉俊、刘仁静、李达等人那样精读外文,饱读马克思的著作,但他有着许多实际活动的经验。不少人总是引经据典,谈及许多理论问题,而毛泽东却显得老成持重,沉默寡言。他很少发言,但却十分注意听取别人的发言,思考和消化大家的意见。他常常在自己住的屋子里徘徊踱步,苦思冥想。有人走过窗前和他打招呼,他都没有看见,大家戏称他是"书呆子"、"神经质"。

会议是在秘密状态下进行的,但最终还是引起了法租界巡捕房的注意。7月30日晚,举行第六次会议时,一个身着灰色长衫的中年陌生男子,从虚掩的后门径直闯入餐厅,朝屋里环视了一周。李汉俊连忙上前问道:"你找谁?"那人答道:"我找社联的王主席。"李汉俊一愣,说:"这儿哪有什么王主席!"陌生人连连道歉:"对不起,找错地方了。"旋即退出门外。

具有丰富地下工作经验的共产国际代表马林马上意识到可能要出事。他提议暂时中断会议,立即转移。代表们有秩序地退出会场。十几分钟后,一个法国总巡带着十几个巡捕来到会场进行搜查,结果扑了个空。

会议没有完成预定议程。经李达夫人的指点,代表们决定到浙江嘉兴南湖继续开会。

7月31日这一天,天上飘下丝丝细雨,南湖烟雨楼笼罩在迷雾之中。一艘游船慢慢离开岸边,荡到湖心。游船中的"一大"代表们,在这个狭小的空间里,决定着改变中国命运的大事。

会议确定党的名称为"中国共产党",通过了中国共产党第一个纲领,选举了党的中央机构——中央局。规定党的奋斗目标是领导工人、农民、士兵进行革命,夺取政权,建立无产阶级专政,废除生产资料私有制,以建立没有阶级、没有剥削的共产主义社会。

缔造共产党

42

■ 毛泽东

党的一大结束后，毛泽东风尘仆仆地回到长沙，在湖南开展建党初期的活动。

1921年10月10日，是个秋凉的日子。在长沙城郊协操坪旁边的一个小丛林里，几个人在散步。他们有时沉默地站在树丛和石碑中间，有时在丛林的小路上走动，彼此热烈地谈论着。毛泽东和何叔衡、易礼容等人，在这一天共同讨论建立共产党湖南支部的问题。中共湖南支部，就在这个被戏称为"三十节"（民国十年十月十日）的日子里诞生了，毛泽东任书记。

湖南党支部成立后，毛泽东一方面在原有革命组织——新民学会和社会主义青年团中慎重地吸收最先进的分子入党，同时广泛开展工人运动，在工人先进分子中发展党员。短短几个月里，党的队伍空前壮大。1922年5月前后，中共湘区委员会在湖南支部的基础上成立，毛泽东当选为书记。

长沙小吴门外，有个幽静的地方叫清水塘。塘边柳树依依，风来水动，树影婆娑，一片菜畦，几间茅屋，景致十分迷人。1921年秋天，毛泽东和何叔衡常常在晚饭后到这里散步，研究和探讨开展党的活动的问题。毛泽东非常喜欢这里，他向菜园主人唐氏兄弟租用这里的房子，名义上是作为一师附小教职员住宅，实际上是中共湖南支部的秘密办公地。后来，又成为中共湘区委员会的机关所在地。

新婚不久的毛泽东和杨开慧一起搬进了清水塘，屋里仅有一张借来的双人床和一张不大的书桌。就是在这么简陋的条件下，毛泽东却广泛传播马列主义，领导湖南人民进行了轰轰烈烈的革命斗争。

在毛泽东的领导下，湖南党组织发展很快。到1922年大罢工前后，长沙的许多工厂和学校都建立了党的支部或小组，安源成立了党的地方委员会，衡阳成立了湘南特委筹备处，常德、平江、铜官等地也都先后建立了党的组织。

中国共产党的成立，开辟了中国历史的新纪元。由于有了共产党的领导,轰轰烈烈的工人运动和暴风雨般的农村革命从此便迅猛地发展起来了。

深入矿井

中共一大结束后,毛泽东回到长沙,致力于发动工人运动。

邻近湖南的江西萍乡安源煤矿,是当时中国较大的矿业之一,且有株(洲)萍(乡)铁路与粤汉铁路相接,历来在政治、经济上同湖南的关系密切。在安源煤矿和株萍铁路上做工的工人中,湖南籍的占很大比重。他们深受帝国主义、官僚买办资本和封建势力的三重压迫,过着牛马不如的生活。

哪里有压迫,哪里就有反抗。安源工人有着开展斗争的传统,早在1903年,就发动过反抗洋人和监工的斗争,曾迫使洋人逃避,监工丧胆。

毛泽东很早就注意到安源工人的斗争情况。1920年10月,他就曾到安源做过调查,对那里的阶级斗争状况有了大致了解。他感到,安源路矿工人,尤其是安源矿工,他们受压迫最深,也最有可能接受革命的道理,向帝国主义和封建把头进行斗争。

1921年秋,毛泽东再次来到安源。他利用同乡关系落脚于八方井44号一个被人们称为毛师爷的段长家里。

第二天一早,毛泽东就以参观的名义,换上短衫,提着一盏小油灯,在一位工人的引导下,来到环境最恶劣、危险性最大的西平巷掌子面。领路的工人担心毛泽东的安全,劝他不要进去。毛泽东说:"你们工友们成年累月在那里干活都不怕,我进去一次怕什么呢?"他坚持穿过又矮又小的巷道,一会儿曲背弯腰地走,一会儿又爬一阵,一直来到了工人最多的掌子面。

毛泽东往四周一看,只见一个个赤身露体、瘦骨嶙峋的工人使用着粗笨的原始工具,有的躺在地上挖煤,有的拖着沉重的煤筐爬来爬去。口渴了,喝一口煤黑水;热得受不了,就到臭水沟里泡一泡。

看到这些,毛泽东心中一阵酸楚。他亲切地喊了一声:"工友们辛苦了!"

听到这一声问候,所有的工人都愣住了,他们不约而同地停下了手里的活儿。长年当牛做马的矿工们,从来没听到有人问一声辛苦,也从来没有被人称作工友。这位先生是谁?他来井底下干

▣ 1921 年秋毛泽东来到安源,居住在牛角坡这间小伙铺里

什么来了？

　　领路的工人告诉大家："这位是从湖南来的毛润之先生，今天特意下井来看望大家。"

　　"啊！是湖南来的毛先生。"

　　矿工们立刻露出高兴的神情，纷纷朝毛泽东围拢过来。

　　毛泽东招呼大家一同坐下，然后他关心地问："工友们，你们为什么不穿衣服呀？"

　　矿工们悲愤地告诉他，洋人、资本家只顾自己发财，根本不管工人死活。工人们没有任何劳动保护用品，只能自备一块"三尺布"，在井下包着头当矿帽，出井时围在腰上当遮羞布。每天当牛做马卖苦力，还常常无辜挨打。

　　毛泽东问工人们："你们每天要做多长时间的工？"

　　矿工们回答："每天要做 12 个小时的工，早上顶着星星下井，晚上星满天才出井，一年到头见不到日头。一天不上班，就没有工钱，老婆孩子就得挨饿。"

　　"一天能挣多少工钱？"

　　"有的挣八个毫子，有的挣十二个毫子，还不够两斤米钱呢。"工人们越说越气愤。

　　毛泽东说："我们从早到晚挖一天煤，累得要死，拿到市面上去卖，难道就值八个毫子、十二个毫子吗？"

　　"那可不止，一千个也不止。"

　　"对啊！"毛泽东接着说，"既然一千个都不止，那么钱到哪里去了呢？"

　　工人们一时回答不上来。毛泽东启发大家："你们想一想，洋人、矿主、工头，他们从来不做工，为什么却成天吃好的、穿好的？他们的钱又是从什么地方来的？"

　　工人们恍然大悟，异口同声地说："是我们挖煤赚来的。"

　　"对！"毛泽东坚定地说，"不是我们工人命不好，是帝国主义、资本家剥削了我们，压迫了我们。我们工人要解放，一不靠神仙，

深入矿井

47

二不靠皇帝，要靠我们自己。"

接着，毛泽东打了一个形象的比喻。他随手从地上捡起一个石子，对工人们说："这个小石子随便一脚就能踢开，但如果是块大石头，就要很多人才能搬动。安源的工人团结起来，就像一座石山，资本家不但搬不动，倒下来还会把他们砸扁、砸死。"说到这里，毛泽东把手攥成一个拳头，晃了晃说："我们工人要是抱成团，难道还顶不上一块大石头吗？"

一席话，说得工人们心里暖烘烘的。黑暗潮湿的井下，充满了从来没有过的欢快。

毛泽东离开了西平巷，又到东平巷和工人们谈心。从早晨八点下井，直到下午两点多钟才出井。出井后，他顾不得休息，又到洗煤台、修理处、翻砂房、水泵房等地考察，还特地访问了所谓的工人"餐宿处"。这是一排排鸽子笼似的小房，里面挤放着三层的木床，每一间房子要住上五六十个工人。床上臭虫成堆，气味熏人。毛泽东同工人们促膝谈心，还亲自爬上三层床去看工人们盖的油渣似的破被，亲口尝工人们吃的霉米烂菜。

在一个星期里，毛泽东深入了解了安源路矿工人的生活、工作和受剥削、迫害的种种情况，交了许多工人朋友。他给工人们讲了许多革命道理，使工人们懂得了世界上的一切财富都是经过工人的双手创造出来的；他们懂得了，工人们只有团结起来，同敌人作斗争，才能改善待遇，最后解放自己，创立一个新世界。

毛泽东在安源住了一个星期，走遍了数十处矿井，和安源工人建立了深厚的感情。以后他又先后派李立三、蒋先云、刘少奇等到安源，开展工人运动，在优秀的、有觉悟的工人中发展党员。1922年2月建立了安源第一个党支部；5月1日，正式成立了工人自己的组织"安源路矿工人俱乐部"。

以后，毛泽东还多次来到安源，宣传各省工人与官僚资本家斗争的情况，积极准备安源路矿工人罢工，对罢工的组织工作做了全面周密的部署。

1922 年 9 月 13 日午夜,安源路矿工人俱乐部发出了罢工命令。随着汽笛长鸣,紧握岩尖、斧头的工人们,从矿井、火车房、修理厂等处冲出来,"罢工,罢工!""从前是牛马,现在要做人!"震耳欲聋的吼声响彻了天地,吓坏了路矿当局,他们被迫答应了工人们的复工条件。安源路矿工人罢工取得了空前的胜利,这是中国共产党第一次独立领导并取得完全胜利的工人斗争。

深入矿井

创办农民夜校

1925 年春节期间，毛泽东携夫人杨开慧和儿子岸英、岸青回到了韶山。

像往常一样，毛泽东全身心地投入对革命的宣传之中。为了唤起家乡父老乡亲的革命热情，他经常起早贪黑，不顾辛苦，翻山过坳，走亲访友，用通俗易懂的语言和贫苦农民促膝谈心。他给乡亲们讲世界上为什么会有穷有富；为什么农民起早摸黑，一年累到头，种出了粮食和棉花，自己却没有饭吃，没有衣穿。而地主不劳动，却吃大鱼大肉，穿绫罗绸缎，有权有势。他讲到了"洋财东"——帝国主义，指出他们是地主阶级和封建军阀的后台老板，启发农民不但要打倒地主阶级，还要打倒帝国主义。

毛泽东打了一个比喻：一根筷子容易断，一把筷子就不容易断。农民只要团结和组织起来，开展斗争，就能打倒地主阶级，打倒帝国主义，摆脱贫困，过自由幸福的生活，求得做人的权利。

杨开慧在韶山积极配合毛泽东开展工作，以"走人家"的形式，广泛接触群众，进行社会调查。共同的革命志向，把两颗年轻的心紧紧连在一起。

为了使更多的农民接受革命教育，参加农民运动，毛泽东利用湖南省长、军阀赵恒惕的所谓平民教育的合法形式，发动毛福轩、毛新枚、李耿侯等一大批农运积极分子，借用公校和族校所在的宗族祠堂，创办了 20 多所农民夜校。

夜校通过教识字、学珠算，向农民进行马克思主义的启蒙教育。在讲解"手"、"脚"二字时，就对农民说：

"人的手本来是劳动的，我们吃的、穿的、用的，没有一样不是靠这两只手做出来的。可是，偏偏有这号怪事，有人生着两只手，却不劳动，他们手不提、肩不挑，反而穿好的、吃好的。而我们农民一年四季辛辛苦苦，两手不得闲，到头来，却吃不饱、穿不暖。他们有脚不走路，出门还要我们抬轿子。这是多么不合理呀！"

农民们第一次听到这样的道理，大家七嘴八舌，议论纷纷，争先恐后地发泄对黑暗世道的不满和愤怒。

当时，在杨林熊家冲白鸭塘办的农民夜校里，毛泽东曾教会大家这样一首民歌：

金花籽，开红花，一开开到穷人家。

穷人家要翻身，世道才像话。

■ 毛泽东创办的韶山农民夜校旧址

今天望啊明天望，只望老天出太阳。

太阳一出照四方，大家喜洋洋。

农民夜晚聚会，引起了地主的恐慌。大地主、团防局长成胥生经常派人偷听夜校讲课。夜校师生很警惕，一发现地主的狗腿子来了，马上改教一般的写字、打算盘。成胥生听到一些风声，却又抓不到把柄，气得要死，一再扬言要封闭夜校。

农民夜校轰轰烈烈，为革命提供了培养骨干、造就人才的机会。在毛泽东的教导下，毛新枚、李耿侯、钟志申、庞叔侃等人在斗争实践中迅速成长。他们满怀热情，忘我地工作，很快成为领导韶山农民运动的中坚力量，并被毛泽东吸收为中共党员。

毛泽东卧室的上层，是一间矮小的阁楼，无数次的秘密会议都在这里举行。这天晚上，几位新党员在这间小屋里举行庄严的入党宣誓。毛泽东宣布成立韶山党支部，由毛福轩担任支部书记，确定党支部的秘密代号是"庞德甫"。从此，韶山农民运动就在中国共产党的领导之下，与地主老财进行有目的、有策略的斗争。

这年夏天，韶山地区一个多月没下雨，田地龟裂，禾苗枯萎，农民们半年的辛勤劳动，眼看就要落空。许多农民家里揭不开锅，很多人家不得不外出逃荒，可是，地主豪绅们却幸灾乐祸，趁火打劫。他们哄抬粮价，一升米由60文卖到160文，后来索性把粮食偷偷运到湘潭城里去牟取暴利。

毛泽东觉得，这是发动群众起来斗争的最好时机。他召集党支部和农运积极分子开会，坚定地说："土豪囤积谷米，高价出售，难道我们就不能反对？他们偷运谷米，难道我们就不能阻止？我们一定要组织农民跟他们斗。"党支部根据毛泽东的指示，决定开展平粜、阻禁的斗争。一方面派庞叔侃、钟志申出面，责令成胥生把谷米拿出来平粜；一方面分头发动群众，了解地主豪绅偷运谷米的情况，准备组织斗争。

第二天，庞叔侃和钟志申等来到成胥生的家里，明确表示态度，要成胥生照办。成胥生哪里肯听，他恶狠狠地说："即使有谷米，

■ 毛泽东创建中共韶山支部的地方——旧居阁楼

我情愿放在仓库里喂老鼠,也不拿出来平粜,看你们拿我怎么办!"
看到成胥生如此嚣张,农民们的肺都要气炸了,不少人要冲进成胥
生的家开他的仓。毛福轩劝阻大家说:"我们还是一步步走,只要
发现他偷运谷米,就好整他。"

果然,没有几天,银田镇一个农民跑来报信,说成胥生已经将
一批谷米运到银田镇,准备在那里装船运到湘潭。毛福轩得知这
个信息,立刻派庞叔侃、钟志申迅速集合几百农民,点起火把,带着
箩筐、扁担,连夜追到银田镇河边,把待运的谷米全部截住。成胥
生半夜里听说这个消息,气得火冒三丈,急忙派团丁赶到银田镇,
试图要把粮食夺回来。

团丁到了银田镇,一看农民人多势众,哪个还敢上前抢粮食。
成胥生见势不妙,只好答应平粜谷米。

在毛泽东和韶山党支部的领导下,韶山农民运动取得了初步
胜利,周边的土豪劣绅也乖乖地答应平粜。穷苦农民都把毛泽东
当作自己的大救星。

但是,反动派却把毛泽东恨得要死。成胥生派人向赵恒惕告

密,诬蔑毛泽东在韶山一带组织"过激党","煽动"群众"造反",要求派兵逮捕毛泽东。

几天以后,毛泽东离开了韶山,经长沙去了广州。他点燃的韶山农民运动的火种,在以后的革命斗争中越烧越旺。

虎口脱身

　　1927年，蒋介石和汪精卫在帝国主义的纵容和支持下，发动了举世震惊的反革命政变。无数共产党人和革命志士倒在反动派的屠刀下，轰轰烈烈的大革命惨遭失败，国共合作宣告破裂。

　　在中国共产党生死存亡的危急关头，7月4日，中共中央政治局常委召开扩大会议。毛泽东在会上提出："不保存武力则将来一到事变我们即无办法。"主张农民武装可以"上山"，"造成军事势力的基础"。7月中旬，根据共产国际的指示，中共中央进行改组。7月13日，中共中央发表共产党员退出国民政府的声明。并决定在九江、南昌一带发动军事暴动，在湘、鄂、赣、粤四省举行秋收暴动。8月7日，中共中央在汉口召开紧急会议，即著名的八七会议。会议确定了土地革命和武装起义的总方针。

　　带着共产国际和中共中央的指示，毛泽东和夫人杨开慧等秘密由武昌搭乘货车星夜赶到长沙。此前，瞿秋白曾要毛泽东到上海党中央机关工作，毛泽东回答说：我不愿跟你们去住高楼大厦，我要上山结交绿林朋友。

　　在长沙，毛泽东为秋收起义的准备工作上下奔波。他不顾个人安危，有时提着篮子装作买菜，有时扮作军官外出调查。他夜以继日地出席会议，起草文稿，找人个别谈话，派人四处筹集枪支弹药，常常彻夜不眠。

9 月初，毛泽东在安源张家湾工人子弟学校召开军事会议，具体部署起义计划，决定将中共掌握的湘东、赣西一带武装力量和从武汉来的国民政府警卫团共 5 000 人，统一编为工农革命军第一军第一师，卢德铭任总指挥。

　　各路工农革命军投入到起义前的紧张准备工作，秋收暴动的军旗也由此诞生：红色的旗底，象征着革命；中间的五星，代表中国共产党；五星内有斧头镰刀，代表工农；旗面左侧靠旗杆的一侧，以白布衬底，上书"工农革命军第一军第一师"几个大字。

　　完成了在安源的组织工作，毛泽东随即赶赴铜鼓，领导驻军起义。不料，走到浏阳张家坊时，却被民团巡逻查房队抓住了。

　　团丁押着毛泽东等几个人走向民团总部。毛泽东暗想：秋收

■ 1927 年 9 月初，毛泽东在江西安源张家湾召开会议，讨论秋收起义的具体部署。图为会议旧址

起义即将爆发,这个节骨眼上,自己怎么能糊里糊涂地落入敌手呢?他眉头一皱,计上心来。走不多远,他假装腿痛,一瘸一拐地落在队伍后面。随后从口袋里摸出几个银元,悄声对身边的一个团丁说:

"朋友,这几个钱请拿去喝茶吧。"

团丁收了钱,自然明白是什么意思,点点头,示意让毛泽东快走。

毛泽东走上前面的山岭,那个团丁这才大喊:"有人逃走了,快追呀!"

几个团丁急忙赶上来,可是已经来不及了。毛泽东飞快地跑下山岭,藏在一条水沟里,水沟周围长了很高的草。团丁强迫几个农民帮助搜寻毛泽东,有好几次他们走得很近,几乎用手就可以接触到,但幸运的是,毛泽东躲过了搜索。那几个团丁走远了,他才站起身来,继续走自己的路。

为了防止意外,毛泽东涂些泥巴在腿上,假装是种田的农民。走上一个山岭,已是湘赣边界了,看见一个打柴人迎面走来,毛泽东和他打招呼:"喂!下面在打仗!"

"什么事打仗呀?"打柴人面色紧张地问。

于是,两个人搭上腔,聊了起来。

谈起农民协会,打柴人赞不绝口地夸农民协会好。毛泽东知道,这是个革命的同情者。他说:"不错!我就是农民协会的委员长。"看到打柴人惊讶的样子,毛泽东接着说:"今天下面喊抓人,就是在抓我。朋友,请救我一救吧!"

打柴人有些着慌了,连声问:"怎么个救法?"

毛泽东掏出两块钱,镇静地说:"这两块钱,一块请你买一双草鞋,一块请你给我买一碗饭,然后,麻烦你带路送我去江西地界。"

打柴人把毛泽东安置在山上藏起来。天将黑时,打柴人回来了,拿来了食物和草鞋。在他的引导下,毛泽东由山间小路,顺利地进入江西地界。

走了一天,毛泽东来到了一个市镇。白色恐怖下的小镇,人人自危,很多店铺早早地便上了门板。毛泽东没有行李,身上一件短裤,一件汗衫,把短裤系成包袱样,横在肩上。

来到一家旅店前,毛泽东客气地问:"老板,歇得客吗?"

老板一阵紧张,连连说:"歇不得!歇不得!"

一连问过几家,店老板都拒不纳客。毛泽东心想,糟糕!夜晚不能落店,难道还要睡在街上不成?

走到街尾的一家客店,毛泽东干脆不问了。他大摇大摆地走进去,坐下来,然后大声说:"老板,打水来洗脚!"店老板见来人派头那么大,也不敢拒客了,只得任他住下。

第二天,毛泽东到达了准备暴动的驻军地点。9月9日,湘赣边界的秋收起义终于爆发了。

三湾改编

江西省永新县三湾村坐落于九龙山脚下,是个山清水秀、四面环山的小村庄。1927年9月29日,毛泽东率领秋收起义的队伍来到了这里。

秋收暴动以后,起义部队一度占领了浏阳、醴陵县城,建立了自己的政权,深得广大人民的拥护和支持。但是,由于国民党正规军集中优势兵力的反攻,起义部队遭受很大损失,毛泽东看到这种实际情况,改变原来部署,下令各路起义军停止进攻。

9月19日晚,在浏阳文家市里仁学校,毛泽东主持召开了由师、团主要负责人参加的前敌委员会会议。毛泽东对客观形势作了清醒的判断,认为当地农民起义并没有形成巨大声势,单靠工农革命军的现有力量不可能攻占国民党军队强固设防的长沙,必须放弃进攻长沙的计划,把起义军转移到敌人统治力量薄弱的农村山区,再图发展。

会议经过激烈争论,在总指挥卢德铭等人的支持下通过了毛泽东的主张,决定退往湘南。

南下的路途处处充满险情。起义部队不断遭到国民党军队的围追堵截,损失很大,总指挥卢德铭在一次战斗中不幸牺牲。行军途中,道路难行,疾病蔓延,不少战士都病倒了。一些投机革命的旧军官和动摇不定的人看不清革命的前途,不断散布悲观情绪,有人甚至开了小差。

几天来,毛泽东吃不下饭,睡不着觉,为改编这支队伍,他苦苦思索着。

来到三湾,受到群众的大力支持,毛泽东决定在这里暂作休整,并着手整编部队。当晚,在一家小杂货铺里,毛泽东主持召开了前敌委员会扩大会议,总结了1924年到1927年大革命中党领导武装斗争的经验教训,分析了部队政治思想情况,提出了对部队进行改编和政治建军的一整套计划。会议一直开到鸡叫三遍才结束。

清晨,全体官兵集合在村里钟家祠堂门口的枫树坪。毛泽东走到队伍前的土坎上,向大家宣布前敌委员会的决定。

他说:"我毛泽东干革命,一不图升官,二不图发财,三不图养家糊口,只图天下劳苦大众得到解放。此行前去,山高水长,任重道远,你们跟着我去开创井冈山革命根据地,可能很艰苦,很危险,但是也很光荣。人各有志,不能相强,有愿意跟我走的,请站到左边来,我热烈欢迎;有愿意回家的,请站到右边去,我热烈欢送,而且发给路费!"

党代表宛希先首先带着一群战士,站到了左边,他们举起手中的武器,高呼"跟着毛委员打天下,坚决革命到底"的口号,表示了坚定的决心。

绝大多数战士都愿意留下。最后清点了一下,队伍还有近千人,700多支枪,48匹马。毛泽东把原来的工农革命军第一军第一师改编成了第一师第一团,下设一、三两个营和一个特务连,共计七个连,罗荣桓担任特务连党代表。多余的干部编成了军官队,军官队和卫生队都由团直接领导。

一个叫陈满崽的战士,由于挂念家中有病的母亲,在去留问题上犹豫不决。毛泽东拿出40个银毫子,连同五块光洋一起交给他,劝他回家治好老娘的病,在家乡继续和穷哥儿们一起闹革命。听了毛委员的话,陈满崽眼含热泪离开了部队。

但他没走多远，就被当地的保安队抓住了，那帮家伙从他身上搜出了银毫子和光洋，还把他毒打了一顿关进了监狱，扬言要处死他。陈满崽想到了毛委员，想到了那个充满温暖的部队，他与同监的十几个老俵越狱逃出来，回到了部队。他深有感触地对战士们说："穷人不革掉反动派的命，自己就要丢掉命，我再也不离开部队了，要永远跟定毛委员干革命！"

整编后，部队逐步做到了班排有党小组，连有党支部，营团有党委，连以上都有党代表。支部建在连上，确立了党对军队的绝对领导，军队听从党指挥。党组织像一个坚强的堡垒，把干部、战士紧密团结在一起。

为了扫除旧军队的不良影响和习气，肃清军阀主义作风，毛泽东亲自领导了民主改革，成立了各级士兵委员会，规定军官不许打骂士兵，废除士兵对军官的繁琐礼节，实行官兵平等，经济公开，士兵有开会说话的自由。

整编后的部队，人数虽然减少了，但是战斗力却大大增强，真正成为一支坚强团结的军队。毛泽东率领这支军队上了井冈山。

三湾改编

会师井冈山

1927年10月，毛泽东率领工农革命军到达了井冈山，点燃了建立农村革命根据地的熊熊烈火，从此开创了中国革命的新纪元。

在井冈山，毛泽东认真总结了大革命失败的经验教训，分析了当时国内阶级斗争的形势，认为路线正确与否，是革命最要紧的问题。革命要积蓄和锻炼自己的力量，避免在自己力量不够时和敌人作决定胜负的战斗，就必须退出敌人势力强大的城市，转入到他们统治力量薄弱的农村，建立革命根据地，方能在长期斗争中，逐步夺取革命的胜利。

他每时每刻都惦记着另一支武装力量——周恩来、贺龙、朱德领导的南昌起义部队。这是一支宝贵的革命武装力量，如果它能和工农革命军共同发展井冈山革命根据地的大好形势，就会为中国革命做出更大的贡献。

从一张国民党新出的报纸上，毛泽东得知，由朱德带领的南昌起义的一支队伍，正在广东潮州汕头一带，遭到国民党军队的重重包围，起义部队形势十分不利。事不宜迟！毛泽东当即派人前往广东，与朱德部队建立了联系。

1928年1月，朱德、陈毅等率领南昌起义余部进入湘南发动暴动，仅仅一个月左右的时间，就扩充了几万人，壮大了地方武装。湘南几个县、区、乡普遍成立了工农苏维埃政府，打土豪，分田地。

轰轰烈烈的湘南暴动吓坏了国民党反动派。

但是，此时的毛泽东和他领导的井冈山革命根据地却面临着严峻的考验。

中共中央部分领导人，执行的是"左"倾错误路线。他们看不清大革命失败后的形势，误认为革命还在"继续高涨"，提出了不切合中国国情的错误主张，一心要搞城市暴动，主张去打大城市。他们插手湖南省委和湘南特委领导的湘南暴动，指责井冈山革命根据地发展前途不大。3月下旬，湘南特委宣传部长周鲁来到江西宁冈砻市，指责边界党组织"行动太右，烧杀太少"，宣布中央给毛泽东以"开除中央临时政治局候补委员"的处分，取消前敌委员会，毛泽东改任师长。命令工农革命军离开井冈山根据地，支援湘南

■ 朱毛红军会师地——江西宁冈县砻市

暴动。

毛泽东清楚地知道，工农革命军远离根据地前往湘南，边界势必被敌人占领；同时，湘南敌我力量悬殊，"左"倾路线的执行者在那里推行盲动的烧杀路线，对暴动非常不利。但是，为了接应南昌起义余部登上井冈山，毛泽东决定带领工农革命军两个团前往湘南。

3月中旬的一天，春雨霏霏。工农革命军从井冈山出发，分三路向湘南挺进。毛泽东把队伍带到湖南鄘县中村，对部队进行系统的思想教育，并实施农村土改试点。毛泽东用了两天多的时间，深入论述了中国革命的根本问题，从中国社会的性质讲到中国社会的基本矛盾，从中国革命的任务讲到中国革命的性质，又从中国革命的特点讲到坚持农村斗争、坚持根据地斗争的极端重要性。令人耳目一新、富有哲理的讲课内容，扫除了笼罩在干部和战士心中的种种顾虑，坚定了高举井冈山红旗的决心。

4月间，在国民党军队南北夹攻下，湘南暴动失败了。南昌起义余部和湘南暴动农民军分头向湘赣边界撤退。大批敌人随后

■ 油画《井冈山会师》

尾追。

毛泽东得知消息后,立即决定,迅速接应朱德部队,让他们尽快上井冈山,重开边界割据新局面。于是,马上在水口分兵两路进入湘南。毛泽东亲率第一团入桂东汝城,在滁口和敌人进行激烈的战斗,牵制了准备向郴州进攻的敌人,掩护了正从郴州撤出的南昌起义余部,使朱德、陈毅率领的部队得以安全地退到资兴,会合袁文才带领的第二团,于4月28日顺利到达井冈山革命根据地的宁冈砻市。

毛泽东带领部队随后前进,在资兴、龙溪等地会合了几支湘南农军后,于5月1日回到砻市。

朱德、陈毅在井冈山革命根据地度过了愉快的几天。这天清晨,朱德早早地起床,刮罢胡须,换上干净的上衣,脚穿草鞋,带领陈毅和各县农军的主要领导人在龙江书院门口等候毛泽东。

在何长工的陪同下,毛泽东健步向龙江书院走来。朱德抢前几步赶上去,毛泽东也早早地伸出手。两只大手紧紧握在一起,那么的亲切。

毛泽东以祝贺的口吻对朱德说:这次湘赣两省的敌人竟然没有能整倒你。

朱德真诚地说:我们转移得快,也全靠你们的掩护。

毛泽东向朱德介绍了井冈山革命根据地的斗争情况。他说:以宁冈为中心的罗霄山脉中段是积蓄和发展革命力量的好地方,我们要齐心合力把这个根据地建设好。趁着"五四"纪念日,我们和群众一起开个热闹的联欢大会,庆祝两支兄弟部队胜利会师。

5月4日,是个大好的天气,山明水秀的砻市,装扮得像过节一样。在砻市南面的一个大草坪上,举行了隆重的两军会师祝贺大会。万挂鞭炮齐响,百把军号齐鸣。大会执行主席陈毅庄严地向大家宣告:根据第四军军委决定,全体部队改编为中国工农革命军第四军(不久改称工农红军第四军),军长朱德,党代表毛泽东……

朱德和毛泽东先后在会上讲话。大家凝神屏息聆听讲话，个个胸中激情翻滚，浑身热血沸腾。全场不时响起暴风雨般的掌声和热烈的欢呼声。

　　从此，井冈山革命根据地出现了蓬勃发展的崭新局面，革命的火焰越烧越旺。

“反对本本主义”

　　为了正确制定在农村对待富农的政策和在城镇中对待小商业者的政策，毛泽东亲自选定地处闽、粤、赣三省交界的寻乌县城，进行实地调查。

　　江西寻乌县城南门外马蹄岗西井有座天主教堂，过去曾是天主教徒传播西方唯心主义思想的地方。1930 年前后，这里却成了中共寻乌县委所在地。1930 年 5 月毛泽东住在这里，对寻乌地区进行细致的社会调查，提出了“没有调查就没有发言权”的著名论断。

　　他借阅了《寻乌县志》和其他有关材料，走街串巷，深入到商店、作坊、田间、地头进行调查研究。调查的对象来自各行各业、各阶层，有县、区、乡的干部，有普通工人、农民，有商会会长，有赴过乡试的穷秀才，还有在县衙管过钱粮的小官吏。

　　毛泽东的主要调查形式是开调查会。他邀请参加调查会的人到自己的住地，热情招待、虚心请教，大家也畅所欲言、言无不尽。毛泽东一一作了笔记。

　　一天，毛泽东召开了有五十人参加的总结调查会。他一边抽烟一边说：“我来寻乌调查了近二十天，承蒙诸位先生的指点，使我获得了很多闻所未闻的知识。今天请大家来核对材料，叫做集思广益。”他把自己没有把握或者不够清楚的问题一一提了出来，让大家议论，广泛征询大家的意见，取得了很大收获。

关于寻乌调查，流传着许多趣闻。

有一次，毛泽东在马蹄河畔召开宣传会。会刚开始，毛泽东就问大家：

"同志们，你们来寻乌做调查了没有？"

许多人回答："调查了！"

毛泽东又问："那你们讲一讲，寻乌做生意的，哪一类最多？"

有人说："寻乌县城的人最爱吃豆腐、喝水酒，大概是做豆腐、水酒的人多吧！"

"说对了！"毛泽东笑笑说，"那么再说说，寻乌哪儿家的豆腐做得最好、最容易卖掉？又有哪几家水酒做得最好？"

这下把大家都问住了。

于是，毛泽东把自己调查的结果告诉了大家。他说，大家到一个地方做调查研究是好的，但调查要深入细致。走马观花，随便地问一下，是了解不到问题的深处的。

1930年5月，毛泽东写了《调查工作》一书。他在书中写道："你对于某个问题没有调查，就停止你对于某个问题的发言权。这不太野蛮了吗？一点也不野蛮。你对那个问题的现实情况和历史情况既然没有调查，不知底里，对于那个问题的发言便一定是瞎说一顿。瞎说一顿之不能解决问题是大家明了的，那么，停止你的发言权有什么不公道呢？"

在书中，毛泽东对本本主义者（即教条主义者）进行了批评，指出他们不去研究中国的国情，不去探索中国革命的规律，而是把马克思、列宁的著作当成包医百病的灵丹妙药，认为从这些著作中可以找到解决中国革命问题的现成答案。毛泽东说，一切"左"、右倾机会主义者都犯有不做实际调查，坐在办公室里发号施令、决定问题的通病。他大声疾呼，到斗争中去！到群众中作实际调查去！"中国革命斗争的胜利要靠中国同志了解中国情况。"

《调查工作》是毛泽东系统论述调查研究问题最早的一篇专

著,集中了毛泽东调查研究思想的核心和精华,标志着他的调查研究理论的形成。同时,它又是毛泽东最早的一篇阐述马克思主义认识论的哲学著作,丰富了马克思主义的认识论和方法论。

《调查工作》一书由闽西特委翻印,在中央革命根据地广为流传。"没有调查就没有发言权",也成为那个时期流行的语言。

由于反"围剿"斗争的残酷,毛泽东指挥红军南北转战,《调查工作》一书不慎遗失了。毛泽东由衷地喜爱自己的这部著作,对于这部书的遗失深表惋惜。

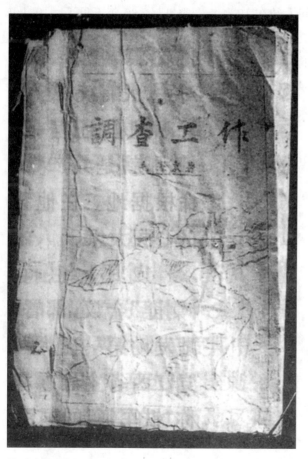

■ 当年在革命根据地广泛流传的《调查工作》小册子(即《反对本本主义》)

20多年后的1958年10月,原中国革命博物馆筹备处的同志在福建龙岩征集到了这本《调查工作》最早的石印本。后经辗转送毛泽东审阅。他非常高兴地说:"失散多年的'孩子'终于找回来了。"

　　1961年3月,中共中央把它作为中央文件印发时,毛泽东特地写了一段说明:

　　"这是一篇老文章,是为了反对当时红军中的教条主义思想而写的。那时没有用'教条主义'这个名称,我们叫它做'本本主义'。写作时间大约在1930年春季,已经30年不见了。1961年1月,忽然从中央革命博物馆里找到,而中央革命博物馆是从福建龙岩地委找到的。看来还有些用处,印若干份供同志们参考。"

　　1964年6月,《调查工作》收入《毛泽东著作选读》,公开发表,毛泽东为它改了一个名字叫《反对本本主义》。

漂亮的伏击战

1930 年,蒋介石在中原大战中打败了冯玉祥、阎锡山两个强劲的对手,大有统一全国之势。

但是,还有一件让他头痛的事情,那就是共产党领导的红军和革命根据地正在不断发展。在他看来,这才是真正的心腹大患。

12 月上旬,蒋介石在南昌举行"剿匪"会议,部署对中央革命根据地发动第一次大"围剿",任命国民党江西省主席鲁涤平为总司令,号称"铁军师"的国民党第十八师师长张辉瓒为前线总指挥,率兵 10 万,采取"分进合击,长驱直入,外线作战,猛进猛打"的战术,试图在一个半月内消灭毛泽东、朱德领导的中央红军。

此时,中央革命根据地有红一方面军一、三两个军团共五个军,约 4 万余人。敌我力量对比悬殊。面对来势凶猛的敌人,毛泽东镇定自若、胸有成竹。他主张采取"将欲取之必先与之"的战术,实行主动退却。红一方面军在毛泽东、朱德的率领下,迅速撤离赣江以西地区,东渡赣江集结。

敌人在赣江西岸扑了个空,就以主力转向赣江东岸推进。他们没有想到,毛泽东为他们布置的口袋正在慢慢张开。

在江西宁都县小布镇附近的一个宽阔的河滩上,正在举行隆重的苏区军民反"围剿"大会。毛泽东亲笔书写这样一副对联:"敌进我退,敌驻我扰,敌疲我打,敌退我追,游击战里操胜算;大步进退,诱敌深入,集中兵力,各个击破,运动战中歼敌人。"毛泽东作了具有说服力和振奋人心的动员报告,详细说明了红军反"围剿"的有利条件,统一了干部和群众的思想,鼓舞了红军的士气。

毛泽东说,敌人虽有十万大军,但分兵几路,实力分散,我取其一,仍可以多胜少,各个击破,伤其十指不如断其一指。张辉瓒的十八师和谭道源的五十师,是鲁涤平的嫡系部队,是敌军的主力。如果把这两个师或者其中一个师歼灭,就能挫败敌人的锐气,有效地粉碎敌人的"围剿"。

12月27日、28日,红军在小布地区两次设伏,准备歼灭由源头来犯的谭道源师。时值隆冬,天寒地冻,战士们猫在潮湿的工事里,不能点火,不能吸烟,冻得直打哆嗦。为了消灭敌人,他们谁也没有离开战斗岗位,紧紧地靠在一起,死死地盯住伏击圈里的那一条山路。由于叛徒的告密,伏击没有成功,红军只得撤出待命。

黄昏时刻传来消息,东固敌张辉瓒率师部和两个旅已进入龙冈,其余敌人尚没有跟进。毛泽东微微一笑,决定抓住这个有利战机,歼灭张辉瓒师。

永丰县南端的龙冈,是个两山夹一河的小镇,在这里打伏击,易守难攻,地理位置十分有利。担任正面迎击敌人的红三军七师,进入了预定阵地,另有一小部分武装会同地方游击队,前去引诱敌人。毛泽东率领总部人员,隐蔽在距离不远的指挥所里,等待着张辉瓒自投罗网的时刻。

再说张辉瓒,身为前线总指挥,又率领着德国装备的大名鼎鼎的"铁军师",骄横跋扈,不可一世。几天来,就没有遇到过像样的红军武装,于是认为红军是乌合之众,不堪一击。他真想找到红军主力,准备用他的精良装备和红军较量较量,但又捉不到红军主力的踪影,整天在山里转来转去。他恼羞成怒,拿老百姓出气,见人就杀,见房子就烧。张辉瓒师所到之处,火光冲天,血流成河。

突然,张辉瓒部队遭到了红军小股部队的袭击,同时,他又接到了谭道源发来的求援电报。张辉瓒断定,红军主力就在附近。于是,他命令部队穷追猛打,与红军主力进行决战。

30日拂晓,张辉瓒的人马乖乖进入了红军的伏击圈。随着一声令下,埋伏四周的红军向龙冈镇里的敌人发起猛烈攻击,机关枪、迫击炮的怒吼声震耳欲聋,昔日宁静的小镇,霎时间成了激烈的战场,弹片纷飞,硝烟弥漫。

毛泽东在指挥所里,听到远处传来的枪炮声,知道红三军已经和敌人交上火了。几天来军务繁忙,他没能睡一个安稳觉,此时,他倒觉得自己要休息一下了。毛泽东打了一个哈欠,对总司令朱德说:"我们也该睡一觉啦。"

毛泽东来到自己的小铺屋,吩咐警卫员:"你把马背上的铺盖取下来,铺好床,我要睡一觉。你听着,如果打得激烈,机关枪、迫击炮一齐上,就不要叫我,如果枪炮声停了,就把我叫醒。"

经过几个小时的激战,敌人组织的多次突围被打退,"铁军师"死伤惨重。大雾渐渐散去,太阳开始露出笑脸,山林重新恢复平静。

按照吩咐,警卫员叫醒了毛泽东。

"哦? 不打啦。"毛泽东一骨碌从床上坐起来,对朱德说,"总司令,战斗结束了,我们该下山了。"

红军这场伏击战,打得精彩、漂亮。张辉瓒的十八师两个旅加一个师部共计9 000余人马全部被消灭,张辉瓒本人也成了红军的俘虏。

至此,蒋介石蓄意发动的第一次"围剿"宣告彻底失败。为纪念红军的这次胜利,毛泽东挥笔写下了著名的诗词《渔家傲·反第一次大"围剿"》:

万木霜天红烂漫,

天兵怒气冲霄汉。

雾满龙冈千嶂暗，

齐声唤，

前头捉了张辉瓒。

……

四渡赤水

　　1933 年 10 月,蒋介石调集 100 万大军,200 架飞机,对中央革命根据地发动了第五次"围剿"。此时,"左"倾冒险主义领导人掌握了红军的实际领导权,他们拒绝接受毛泽东等人的建议,主张"全线防御",实行以集中对集中,以堡垒对堡垒的阵地战,结果造成了巨大损失。1934 年 10 月,一年的反"围剿"战争宣告失利,革命根据地被迫实行战略转移,从此开始了漫长的两万五千里长征。

　　1935 年 1 月,为了挽救危险中的红军和中国革命事业,中共中央在贵州遵义召开了政治局扩大会议。会议批判了"左"倾冒险主义和逃跑主义的错误,改组了中央领导机构,增选毛泽东为中央政治局常委。之后又组成了周恩来、毛泽东、王稼祥三人团,负责全军的军事行动。会议确立了毛泽东在党中央和红军中的领导地位,在极其危急的情况下,挽救了党,挽救了红军,挽救了中国革命。

　　遵义会议后,中央红军经过整编,在毛泽东等的领导下继续北上。毛泽东决定,从四川泸州和宜宾之间北渡长江,同川陕革命根据地红军第四方面军会合。1 月底,毛泽东率领的红一方面军顺利到达赤水河东岸土城一带。

　　赤水河蜿蜒 700 里,是川黔两省交界的重要水道,也是红军长

四
渡
赤
水

75

征途中的一道障碍，红军只要渡过赤水河就迫近长江南岸了。

蒋介石十分害怕中央红军北上与红四方面军会合。他急调川、黔、湘、滇四省军阀部队从四面围堵，妄图把红军压缩包围在长江以南、乌江以北地区，聚而歼之。

1月28日，红军在土城与追击而来的敌人激战了一天一夜，并在29日夜晚分别在浑溪口、猿猴场向西一渡赤水河，并准备渡过长江，与红四方面军会合。

蒋介石吓坏了。他调集大批川军沿长江两岸布防，堵截红一方面军渡江，同时急调湖南军阀何键、贵州军阀王家烈、云南军阀龙云会集川、黔、滇边界，企图合击红军于长江南岸叙永以西、横江以东地区。

■ 遵义会议会址

面对各路敌军蜂拥而至、长江沿岸重兵把守的新情况,毛泽东当机立断,暂缓执行渡江计划,改为在川、黔、滇三省边界实行机动作战。根据毛泽东指示,红军由叙永、古蔺地区折向敌人设防空虚的云南东北部的扎西一带集结,并进行补充休整,扩大武装。

蒋介石判断红一方面军即将北渡长江,于是加紧"追剿",责令各路敌军向扎西进击。毛泽东统观全局,根据敌人主力大部被红军吸引到川滇边界,黔北空虚的情况,决定"避实击虚",挥戈东进,重入贵州。2月18日至21日,红一方面军主力在太平渡、二郎滩二渡赤水河。随之,迅速夺取桐梓城,一举攻占黔北重隘娄山关。28日,红军再度攻占遵义城。

红军在短短的五天里,歼敌两个师又八个团,取得了中央红军长征以来最大的一次胜利,极大地鼓舞了红军士气。

蒋介石吃了败仗可不甘心。他从重庆飞抵贵阳,调整部署,亲自指挥各路人马向红军进逼,妄图以堡垒主义和重兵进攻相结合的战术,"南守北攻",把红军压迫在遵义、鸭溪等狭窄地区予以消灭。

毛泽东一下子识破了蒋介石的诡计。他将计就计,故意在遵义地区徘徊,引诱更多的敌人向红军围拢,以利于红军摆脱强敌尾追,造成西进云南,北渡金沙江入川的有利条件。蒋介石摸不清红军的战略意图,错误地认为围歼红军的时机已到,遂令各路敌军向遵义地区开进。当敌人自以为要将红军聚歼时,毛泽东却率领红军突然北进,于3月16日和17日,经茅台第三次渡过赤水河,再一次和敌人玩了个捉迷藏。

甩开了敌人,红军战士们平静地在密林中休息。毛泽东和周恩来仍然研究着下一步红军的去向。

毛泽东说:"我们三渡赤水,拖垮了敌人,下步棋是如何甩开敌人,大步走的问题了。"

周恩来说:"抓住时机,部队赶快东渡赤水,把敌人抛在赤水河西岸。"

■ 红军二渡赤水的渡口之一——太平渡

毛泽东想了想,说:"我们不能老在云贵川一带和敌人兜圈子,这样太被动,不易生存。我看,不如走远一点好。"

周恩来琢磨着毛泽东的话,没有说话。

毛泽东把他的意见说了出来:"滇军孙渡的部队,在我们前次西渡赤水时,不是已经被蒋介石调到贵州的毕节一带了嘛,咱们再次东渡赤水河后,来一个行动,把孙渡再往贵州腹地调一调,离他的老窝再远一点,好让他腾出云南地盘,咱们再打进云南,从长江上游金沙江渡江北上,完成咱们的战略方针。"

周恩来眼睛一亮:"那要兜一个很大的圈子。"

"对!"毛泽东曜地站起身来,大声说:"调出滇军就是胜利!"

为了迷惑敌人,红军三渡赤水河后,再入川南,佯作北渡长江。敌人果然上了当。蒋介石严令北面的川军加强堵截,急令川、黔、湘三省军阀部队向红军逼近,同时,令滇军孙渡从毕节北上截击。蒋介石再次从重庆飞往贵阳督战,他以为红军已是强弩之末,消灭"共匪",指日可待。

然而就在这时,毛泽东以他杰出的军事才能给敌人摆了个迷魂阵。

他以一支部队伪装主力大张旗鼓地向川南挺进,引诱敌人;而真正的红军主力,则由镇龙山地区连夜向北急进,随后向东,突然折回贵州,于 3 月 21 日晚至 22 日拂晓,一夜间在二郎滩、九溪口、太平渡四渡赤水河。然后,调头南下,渡过乌江,直逼贵阳。

　　此时,在贵阳督战的蒋介石吓得要命,急令滇军"护驾"。敌人乖乖地按照毛泽东的部署行动了。于是,红军以一支部队佯攻贵阳,其余主力穿过湘黔公路,直插云南。有意思的是,红军与滇军相对而行,敌人往东北去,增援贵阳;红军往西南走,直逼昆明。红军造出进攻昆明的假象,主力却调头北上,向金沙江挺进。等到敌人回援昆明扑空,再向金沙江追来,红军已争取到 9 天 9 夜的时间,于 5 月初在皎平渡巧渡金沙江到达了四川西南的会理地区。

　　从此,红军跳出了几十万敌军围追堵截的圈子,粉碎了蒋介石围歼红军于川、黔、滇边境的计划,实现了渡江北上的战略意图,取得了长征途中具有决定意义的胜利。

四渡赤水

举行奠基礼

1935 年 10 月，毛泽东率领中央红军完成了二万五千里长征的艰苦跋涉，胜利到达陕北，实现了红一方面军主力与陕北红军的大会师。

11 月 3 日，苏维埃中央政府决定成立西北革命军事委员会，毛泽东任主席，周恩来、彭德怀、刘志丹任副主席，统一指挥红军作战。

这时，日本帝国主义正加紧对中国的侵略。蒋介石死抱"攘外必先安内"的政策，对日本的侵略一再退让，对红军的"围剿"却是变本加厉。他误以为中央红军长征到陕北已是溃不成军，于是调集东北军五个师，分东西两路，向陕北革命根据地扑来，企图趁中央红军立足未稳时予以消灭。

对于蒋介石的这种行径，红军战士早已气炸了肺，他们一致要求，打个漂亮仗，给蒋介石一点颜色看看。毛泽东主持召开军事会议，决定集中兵力，向南作战，粉碎敌人的再次"围剿"。会议决定，将歼敌的地点选在直罗镇。

直罗镇位于陕北葫芦河中游，是陇东通往宜川的必经之路，两边是高山，中间是隘道，地势险要，非常适于打歼灭战。

为了使战斗方案具体、完美，毛泽东组织红军团以上干部前往直罗镇西南面的山上查看地形。红军干部从左到右，从东到西，细

■ 直罗镇全景

心观察道路、山头、村庄和河流,一个小山包,一条小河沟,一家孤立的房屋,一棵小树,都是干部们观察研究的对象。

在对战场进行细致的调查研究的基础上,消灭敌人的战斗方案确定了。红军战士摩拳擦掌、跃跃欲试,他们要以饱满的精神状态迎接会师后的第一仗。

11月20日下午,敌先头部队109师在6架飞机的掩护下,由师长牛元峰率领,气势汹汹地沿葫芦河及南北山地向东推进。红军的一支小部队且战且退,引诱敌人到了预定作战地区——直罗镇。

晚上,毛泽东下达命令,按照作战部署,红一军团从北向南,红十五军团从南向北,连夜急行军,在拂晓前到达指定位置,包围直罗镇。毛泽东、周恩来亲临前线指挥。

21日拂晓,天降小雪,北风呼啸。随着一阵冲锋号响,红一军团和红十五军团犹如猛虎下山,从直罗镇南北高山上向进入直罗镇的敌人发起总攻。

敌人一下子懵了,指挥机构顿时陷于瘫痪。敌人如瓮中之鳖,四面碰壁,乱作一团,纷纷缴枪投降。一些负隅顽抗的敌人,被红军战士当场击毙。

战斗进行了不到两个小时,红军便两路夹攻,占领了直罗镇,歼敌109师师部和两个多团。敌师长牛元峰率残部一个多营逃窜到镇东南土寨内,加固工事,固守待援。

随着战斗临近尾声,毛泽东、周恩来走出指挥所,来到战士们中间。战士们着急地说:"主席,这儿战斗还没结束,你怎么来了?"毛泽东风趣地说:"怎么,我们就不能来凑凑热闹?"一句话,把周围的人全逗乐了。

毛泽东拍拍战士们的肩膀说:"不要紧,敌人主力已被我们消灭了。中央红军、陕北红军的会师和团结,是我们胜利的保证。"

毛泽东、周恩来来到伤员中间,挨个细心查看他们的伤势,亲切地安慰每一个伤员。一个伤了喉咙的战士,见大家亲切地和毛泽东谈话,自己也想和毛泽东说些什么,可是,他一张嘴,鲜血就从伤口流了出来。毛泽东看见了,一面向他摆手,示意他别说话;一面快步走到他跟前,紧紧握住他的手。

一会儿担架队来了。毛泽东看见担架上硬邦邦的,没铺东西,就对跟随的战士说:"来,咱们去捡点东西铺在担架上,让他们躺着舒服些。"他和大家一起到附近的小树林里捡了敌人丢下的大衣、被褥和干树叶,回来亲手铺在担架上。然后扶伤员上担架,又给他们盖上大衣,插上树枝伪装,并再三叮嘱担架队员说:"路上小心,走慢些。"离去的伤员们久久望着毛泽东,眼里闪着激动的泪花。

牛元峰率领的残兵败将,仍然在作最后的挣扎。周恩来亲临阵地,详细询问了攻击敌人的情况。他指示红十五军团军团长徐海东:"敌人已成了瓮中之鳖,不好攻暂且围住算了。寨子里既没有粮也没有水,他们迟早是要逃跑的。我们要在运动中消灭他们。"

牛元峰躲在寨子里,一个电报接一个电报地向外面求援。他哪里想到,前来增援的敌人还没有接近直罗镇,就被红军歼灭了。

到了晚上,牛元峰趁黑率残部向西逃跑。红军随即跟踪追击,他们说:"一定要把这条'牛'追回来。"一口气追了25里,到了直罗镇西南一个山上,消灭了这支残部,俘虏了师长牛元峰。

直罗镇战役战果辉煌,共歼敌一个师又一个团,活捉敌师长、参谋长、团以上军官十余人,缴获了大量枪支弹药。毛泽东对这一仗的胜利给予高度评价,他说:"长征一完结,新局面就开始。直罗镇一仗,中央红军同西北红军兄弟般的团结,粉碎了卖国贼蒋介石向着陕甘边区的'围剿',给党中央把全国革命大本营放在西北的任务,举行了一个奠基礼。"

论持久战

共和国领袖故事

毛泽东

1937年7月7日深夜，日军进攻北平卢沟桥，中国军队奋起反击，一场全民族的抗战开始了。到1938年5月，北平、天津、上海、南京、徐州等重要城市相继沦陷，深受战争之苦的中国人民企盼战争的早日胜利。然而，战争的进程究竟会怎么样？中国人民能不能取得胜利？怎样才能取得胜利？对战争的前途议论纷纭。"亡国论"和"速胜论"的错误观点也一时甚嚣尘上。

全面抗日战争爆发前，国民党内就有人说"中国武器不如人，战必败"。全面抗战开始后，又出现"再战必亡"的悲观论调。这种情绪不仅在国民党内存在，也影响到中间阶层和一部分劳动人民。1938年1月，乡村建设派的首倡者和主要领导人梁漱溟到延安访问。早在五四时期，毛泽东在岳父杨昌济的引荐下认识了梁漱溟。梁漱溟到延安的第一个夜晚，毛泽东就和他进行了长谈，中心话题就是抗日的前途问题，梁表示了失望和悲观。毛泽东家乡的一个青年学生也来信谈到民间的悲观情绪。

而"速胜论"则是一种轻敌的论调。国民党中有一部分人幻想依靠外援来迅速取胜。淞沪会战时，有人提出：只要打三个月，国际局势一定发生变化，苏联一定出兵，战争就可解决。盲目乐观的情绪也出现在共产党内，有些人把抗战的希望寄托在国民党的两百万正规军上，急于打大仗，对战争的长期性和艰苦性缺乏精神准备。

为了解答这些问题，延安抗日研究会决定召开一次讨论会，听取各方面的见解，以便得出正确的结论。毛泽东在广泛搜集材料的基础上，开始了《论持久战》的写作。在这段时间里，毛泽东几乎到了废寝忘食的程度，留下了因高度集中精力写作，棉鞋被烧着的故事……

那时，毛泽东住在延安凤凰山麓吴家院的四孔窑洞内，室内陈设极为简朴，全部家具就是一个炕，一张木桌，几个书架。

这天，天暗下来，警卫员翟作军走进毛泽东的办公室，点燃了

■ 毛泽东在延安窑洞撰写《论持久战》

办公桌上的蜡烛。他的动作很慢，想瞅个机会劝主席休息。可是毛泽东头也不抬，眼睛根本没有离开纸和笔。翟作军只好悄悄退了出去。

半夜时分，翟作军给主席送来夜餐，看见主席仍在不停地写着，眼睛里布满了血丝，他焦急地说："主席，吃点饭吧。您已经两天两夜没合眼了，吃完饭，休息一会儿吧！"

翟作军以为这次工作有效了，把门轻轻带上，放心地回到自己的房里等着。过了一会儿，他估计主席吃完饭已经睡下了，就去收拾碗筷。谁知推门一看，毛泽东还坐在桌子前，聚精会神地写着。桌上的饭菜，一点儿也没动，早就凉了。他叹了口气，只好把饭菜端到伙房里热了热，又给主席送去。

"主席，吃点东西吧，一会儿又凉了。"

"噢，我还没吃饭吗？"毛泽东把整个身心都投入到写作上去了，吃没吃饭，自己也记不清了。

过度的劳累，使毛泽东病倒了。医生强迫他卧床休息一周。可是他只躺了一天，吃了点药，又坐到办公桌前了。

时间又过了五六天，毛泽东一直没有好好休息。这天入夜，西北风刮得窗纸"哗哗"直响，人坐在屋里，冻得直跺脚。警卫员便生了盆炭火放在毛泽东的脚旁。

不知过了多长时间，忽然听见毛泽东喊："警卫员，你来一下。"刚到门口，一股浓烈的棉布烧着的焦煳味扑鼻而来，警卫员跑过去一看，毛泽东正弯着身子脱棉鞋，两只棉鞋冒着青烟。原来是毛泽东的棉鞋被烤着了！警卫员急忙帮他脱下鞋，随手用暖壶的水往鞋上一浇，火灭了。拿起一看，一双棉鞋烧坏了好几处，棉花都露了出来，棉鞋是没法穿了，警卫员只好把单鞋找来，请主席换上。

毛泽东穿好鞋，望着那双被烧坏的棉鞋，笑着说："怎么搞的？我一点都没有觉得烧着了。"

《论持久战》是毛泽东关于抗日战争最重要的军事论著，回答了困扰人们思想的种种问题，在国内外产生了重大影响。

■ 毛泽东给延安抗日军政大学学员作《论持久战》报告

毛泽东在《论持久战》中指出:"中国会亡吗? 答复:不会亡,最后胜利是中国的。中国能速胜吗? 答复:不能速胜,抗日战争是持久战。"

他指出,日本是一个强大的帝国主义国家,但它的战争是退步的和野蛮的;而中国的国力虽然比较弱,但它的战争是进步的和正义的。日本战争力量虽强,但它是一个小国,其人力、军力、财力、物力均感贫乏,经不起长期战争;而中国是一个大国,地大、物博、人多、兵多,能够支持长期的战争。日本的侵略行为损害并威胁其他国家的利益,其国际地位将日益处于孤立;而中国的反侵略战争,其国际地位将日益处于多助。因而,毛泽东总结道,这些特点"规定了和规定着战争的持久性和最后胜利属于中国而不属于日本"。

毛泽东预见到这场持久抗战,必将经过战略防御、战略相持和战略反攻三个阶段。提出了实现持久战的战略总方针。毛泽东强调了"兵民是胜利之本"。他说:"武器是战争的重要的因素,但不是决定的因素,决定的因素是人不是物。""战争的伟力之最深厚的根源,存在于民众之中。"只要动员了全国的老百姓,就会造成陷敌于灭顶之灾的汪洋大海,造成弥补武器等等缺陷的补救条件,造成克服一切战争困难的前提。

最后,毛泽东指出:"抗日战争是持久战,最后胜利是中国的——这就是我们的结论。"

《论持久战》公开发表后,在国内外引起轰动。共产国际大加赞扬。一个外国记者评论说:"不管他们对于共产党的看法怎样,以及他们所代表的是谁,大部分的中国人现在都承认毛泽东正确地分析了国内和国际的因素,并且无误地指明了未来的一般轮廓。"

国民党高级将领白崇禧对《论持久战》极为赞赏,认为这是克敌制胜的最高战略方针。后来,蒋介石指示他的高级将领学习《论持久战》。日本天皇也曾叹息:大日本皇军虽武力赫赫,但没有一个人像毛泽东,把军事理论问题讲得那样透彻。

从此,《论持久战》这部军事著作成为全国抗战的军事理论纲领,指导中国军民最终夺取了抗日战争的最后胜利。

论持久战

欢迎陈嘉庚先生访问延安

1940 年 5 月 30 日至 6 月 8 日,陈嘉庚先生率领南洋华侨回国慰劳考察团一行 50 多人访问延安。

陈嘉庚先生率领的南洋华侨慰劳团是在 3 月 26 日到达重庆的。在重庆机场向记者发表谈话时,他就直言不讳地表示,他要访问延安。毛泽东得知这一消息后,立即发电报表示"欢迎南洋回国慰劳团访问延安"。陈嘉庚接到毛泽东的邀请电非常高兴。他不顾蒋介石的"劝阻",踏上了访问延安的征程。

5 月 30 日下午,延安南门外锣鼓喧天,口号声、欢呼声此起彼伏。5 000 多来自延安各界的群众打着"欢迎陈嘉庚先生莅临延安!""向爱国侨胞致敬!"的横幅,列队在街道两旁迎接陈嘉庚一行。

陈嘉庚先生在群众欢迎仪式上发表了热情洋溢的讲话。首先,他代表南洋 1 100 万华侨向大家致意。对于抗日战争,他表示南洋华侨将有钱出钱、有力出力,全力支持祖国抗战。他说:"大敌当前,中华民族的出路只有一条,就是精诚团结,彻底打败日本侵略者,广大华侨热切希望国共两党坚持合作,坚持抗战。"

早在闽西革命根据地时,毛泽东就听到过许多陈先生爱国爱

■ 陈嘉庚（前左二）抵达延安时留影

乡，倾资办学的事迹。而陈先生对毛泽东却只能说是有所耳闻，知之不多，心中存有不少疑虑，需要解答。

6月1日下午，朱德总司令驱车陪同陈嘉庚先生来到杨家岭，毛泽东早已在门前迎候。车停下，毛泽东迎上前去，两双手久久地握在一起。毛泽东满面春风，说："欢迎，欢迎陈先生光临。"

毛泽东拉着陈先生的手一起走入窑洞，门内外各有一名卫兵，面露微笑地稍稍后退一步，并没有像重庆、西安的门警那种装腔作势的感觉。陈嘉庚感到了一股清新的空气。

进入窑洞，陈嘉庚看到洞内陈列着十多只形状各异、大小不一的木椅和一条长板凳。环顾四周，两只铁制方形公文箱放在左墙的壁龛里，右墙悬挂着一幅大而旧的地图，只有靠近窗户那张比学生课桌大得多的写字台，显出几分庄重气派。看到这简陋的居室，又打量一下毛泽东那身粗布灰军装，陈嘉庚眼前一下子浮现出重庆那些达官贵人的豪华宅邸和珠光宝气，鲜明的对比使这位崇尚节俭的百万富翁对这位初次谋面的共产党主席一下子产生了认同感。

陈嘉庚代表南洋华侨向毛泽东、八路军和边区人民的艰苦抗战表示慰问。毛泽东也代表共产党、八路军和边区人民向陈先生和南洋华侨对抗战的大力支持表示感谢,并称赞陈嘉庚先生是"杰出的华侨领袖,伟大的爱国主义战士"。

谈话期间,几位华侨学生先后进来,参加座谈。陈嘉庚特别注意到,他们来时是"无敬礼便坐,安然座谈,绝无拘束"。傍晚,朱德总司令和王明夫妇也来了,学生们也并没有起立行礼。陈嘉庚没有想到孙中山提倡的民主平等在重庆没有看到,在这里却得到了实行。这使他感到十分新奇,不禁赞叹不已。

晚饭时间到了,毛泽东请陈嘉庚先生共进晚餐。后来,陈嘉庚在《南洋回忆录》里这样记叙那次晚餐:"筵仅一席,设于门外露天,取一旧圆桌置砖头上,已陈旧不光洁,乃用四张白纸遮盖,以作桌布,适风来被吹起,即弃不用。"十几个人围坐在一起,饭桌上有的只是延安比较稀少的白米饭,一些时令蔬菜和一味鸡汤。毛泽东热情地招呼陈先生进餐,把那钵鸡汤挪到陈先生面前,说:"陈先生请多多包涵,我毛泽东没有钱,菜是自己种的,鸡是邻居老大娘知道我有远客,特意送来的。这里面有猴头菇,是东北山林的奇货,还是张学良的部下私自捎来的。嘉庚先生,还有侯先生、李先生(即两位随行秘书)请品尝。我这叫借花献佛。"朱德热情地把小母鸡炖猴头菇,分挟到三位南洋客人面前的瓷碗里。毛泽东幽默的谈吐和朱总司令的豪爽,为宴席增添了欢快的气氛。陈嘉庚觉得这好像是一次轻松愉快的老友聚会,吃得舒畅且难忘。

晚饭后,毛泽东、朱德陪同陈嘉庚到中央党校礼堂,出席"延安各界欢迎陈嘉庚先生晚会"。整个礼堂里没有一把椅子,所有座位都是钉在木桩上的长木板,陈嘉庚欣然在礼堂中间靠前的木板上坐下,紧挨在毛泽东的身旁。

这一天,陈嘉庚终生难忘。所见所闻都是与国民党统治区截然相反的新鲜事情,也是自己怎么也想不到的事情。

毛泽东再次邀请陈先生到杨家岭畅谈时,还特意为8年前在漳州发生的事情向陈先生当面道歉。那是1932年,红军攻下了漳州城,为了紧急筹集经费,未来得及向上级请示就砸开了陈嘉庚在漳州一家鞋业公司的店门,搬走店内存货认抵捐款。不少人趁火打劫,使店内所存胶鞋散失殆尽。毛泽东知道此事后,深为下级工作人员的过火行为不安,以后每攻下一城都以此为例,强调注意城市政策,特别是侨商政策。陈嘉庚听到毛泽东为这多年的往事道歉,深深地被他敢于承认错误的胸怀所感动。

以后的几天里,毛泽东还多次前往招待所拜会陈嘉庚。在交往中,毛泽东深深感到这位华侨领袖忧国忧民的爱国之心。但由于他久居国外,对中国共产党的情况并不太了解,于是毛泽东就借此良机,向陈嘉庚介绍中国共产党、八路军、新四军、根据地及国共几次合作的经过和目前的状况。陈嘉庚对毛泽东的虚怀若谷,平易近人,留下了深刻的印象。陈嘉庚代表海外华侨希望国共两党精诚团结、一致对外。毛泽东欣然应承,并托他再见到蒋介石时,代为转达中共团结抗日的诚意,同时将所见所闻如实向侨胞报告。

"一定做到,毛主席,请您放心。"陈嘉庚爽朗地笑道,"我一定凭人格与良心讲真话,决不指鹿为马;不必等到回南洋,只出延安地界,如有人问我西北观感,我绝对据实报告。"

在延安的几天里,陈嘉庚先生参观了延安女子大学、抗日军政大学、延安市容和安塞钢厂,并同延安各界人士和归国华侨青年进行了多次接触和亲切座谈。

7日晚,陈嘉庚参加完延安各界举行的欢送会后回到招待所,心情异常兴奋,对比重庆和延安的所见所闻,感慨万千。他想起蒋介石接见他时的威风场面;也想起第二次见到毛泽东时,一个迟到的勤务兵看到毛泽东坐的长板凳上还有一点空隙,就挤进去,毛泽东回头看看他,把自己的身体向旁边挪了挪,让他坐得更舒服些;他还想起,朱总司令陪他去抗大参观时,学员们邀请朱德参加篮球赛,朱德便脱去外衣,与他们打起球来;联想到在重庆看到的文恬武嬉、官肥民瘠,和眼前看到的延安军民努力生产的高昂士气,是多么大的反差。更使他没有想到的是延安办了这么多所学校,有那么多杰出的人物。他庆幸自己不虚此行,一定要向外界说明真相,要向人们讲延安,讲毛泽东。

8日清晨,陈嘉庚一行离开延安。7月25日,陈嘉庚在重庆外交协会上发表了《西北之观感》的讲演。他说,那里"风气至为纯朴,又无失业、无盗贼、无乞丐,治安亦极良好。其上下刻苦耐劳努力上进之精神,值得称赞,在此抗战艰苦时期,大家应该向他们学习"。

抗日战争胜利后,陈嘉庚摆脱了日本人的搜捕,回到新加坡。1945年10月21日,新加坡五百社团召开庆祝陈嘉庚脱险归来大会,盛况空前。会间,在人们欢腾中,忽然接到中共中央发来的贺词。

一条是周恩来、王若飞的贺词,另一条是毛泽东的贺词:"华侨旗帜,民族光辉。"

众侨胞纷纷向陈嘉庚表示祝贺。

新中国成立后,陈嘉庚欣然接受了毛泽东的邀请,回国定居,为新中国的建设事业鞠躬尽瘁。

"我有我的生产任务"

　　1941 年和 1942 年是抗日战争期间解放区最困难的时期。由于日寇的野蛮进攻和国民党的封锁包围，解放区的财政发生了极大的困难。在那段艰苦的岁月里，毛泽东不仅领导和指挥八路军、新四军抗击日本帝国主义的侵略，而且还以一个普通劳动者的身份，开荒种地，与边区军民同甘共苦，共渡难关。

　　这时的毛泽东，面目清瘦，身着磨破的棉衣，袖口露出花白的棉絮，棉裤的膝盖处补着大块的补丁。就这样他还照旧上街与群众交谈，到抗大、党校等单位讲课、作报告。

　　毛泽东和中共中央并没有被眼前的困难吓倒，毛泽东把这一困难时期称之为"黎明前的黑暗"。他号召根据地军民战胜困难，坚持敌后抗战，巩固抗日阵地，冲破黎明前的黑暗。

　　对困难局面的出现，毛泽东早有思想准备。抗日战争转入相持阶段时，他就意识到长期抗战中最困难的问题之一，将是财政经济问题。1939 年 2 月 2 日，中央直属机关召开生产动员大会，毛泽东在大会上发表讲话。他严肃地提出，面对严重困难，怎么办呢？他说："饿死呢？解散呢？还是自己动手呢？"他挥动着双手，坚定而有力地说："饿死是没有一个人赞成的，解散也是没有一个人赞成的，还是自己动手吧——这就是我们的回答。"

　　生产动员大会后，延安的机关、部队、学校开展了轰轰烈烈的

96

■ 1942 年,毛泽东给延安干部作报告

大生产运动。延安的山谷里、田野间，到处是一派生机，劳动的歌声回荡在边区山野。

毛泽东既是大生产运动的组织者、领导者，又是大生产运动的参与者，他以身作则，身体力行。他亲自参加杨家岭警卫班的生产动员会议，制定生产计划，分片开荒。他对战士们说："我不能走远，你们在近处给我分一块地，我也好开荒种地。"大家都说，主席工作很忙，身体又弱，就不一定参加生产劳动啦。

"不行。"毛泽东坚定地说，"生产是党的号召，我应该和同志们一样，响应党的号召，参加劳动生产。"

在毛泽东的一再坚持下，战士们就在他住的窑洞下面，靠近水渠的地方，给他划了一亩地。傍晚，毛泽东休息的时候，就拿起镢头挖地去了。

战士们看到后，也拿起镢头跟上去，和毛泽东一起挖地。毛泽东立即阻止他们说："你们有你们的生产计划，我有我的生产任务，这点地，你们都挖了，我没有挖的了。"硬是坚持自己挖地。不一会儿，毛泽东的衬衣就被汗水浸湿了。

地挖好后，毛泽东和战士们一起，种上了西红柿、辣椒等蔬菜。毛泽东经常冒着烈日，在地里锄草、浇水、上肥。蔬菜丰收了，他不仅解决了自己的吃菜问题，还经常用自己种的菜招待客人。

后来，毛泽东在审查中央机关生产委员会送来的报告时，看到中央机关提出每个吃公粮的干部，也要开荒种地，向政府交纳公粮，每人上交 45 斤。但在落实具体生产任务时，毛泽东和中央书记处的几位书记却没有被列入。他立即把李富春请来，问明情况。李富春说："我们考虑书记处的同志工作太忙，又要抓那么多大事，哪能事事躬亲呀！"

毛泽东笑着摇摇头说："不，该躬亲的事，一定要躬亲。"他点燃一支烟，深深地吸了一口，若有所思地说："目前，我们全党集中精力抓生产，克服困难，坚持抗战。对于这样的大事，我们不能只是发发号令，必须身体力行，必须用实际行动为全党、全军和全边区

『我有我的生产任务』

人民作出榜样。作为党的领导机关的成员就更没有理由将自己置于大生产之外。"

李富春想了想，说："你和总司令肩上的担子太重，情况特殊，不能按一般同志要求。再说，你还种了菜地，这也可以算作生产任务嘛！"

毛泽东像没有听见似的，在窑洞里来回走着，说："我虽然不能和同志们一样去上山开荒种地，但我可以实行变工互助。比如，大家都有制造羊角纽扣的任务，我也可以利用工余时间多干一些嘛。"

■ 1946年，毛泽东和农民秧歌队合影（二排右一为劳动模范杨步浩）

李富春无可奈何地摇摇头,笑着说:"我总说不赢你。"

就这样,毛泽东工余时间除了在菜地务农外,还利用饭前饭后或与同志们谈话的机会,拿出刀子刻制羊角纽扣,一天几个,十几个……一年下来,也同样完成了分配的任务。

中央书记处的其他同志也参加了生产劳动,任弼时、周恩来还参加了纺线比赛,被评为"纺线能手"。朱德不但把自己的马匹让出来搞运输,还时常背上粪筐积肥。一位美国人在延河边散步,碰到了从田野挑马草归来的林伯渠,惊讶地喊道:"主席(边区政府主席)先生! 我在这块土地上,从你们的行动里,看到了中国的光明和希望。"

延安碾庄有个叫杨步浩的劳动模范,当他听说毛泽东亲自参加劳动的消息,深受感动。他一再向有关部门请求要为毛泽东代耕。毛泽东为杨步浩的真诚所感动,答应了他的请求。1943 年 6 月,经过杨步浩辛勤的劳动,粮食获得了丰收,他喜气洋洋地拉着 500 斤粮食为毛泽东代交公粮。毛泽东高兴地接见了他。虽然杨步浩为毛泽东代耕交了公粮,毛泽东还是坚持继续劳动,他还把自己地里生产的西红柿摘了两筐送给杨步浩,并告诉杨步浩,这块地好,他舍不得丢掉。

榜样的力量是无穷的,在领袖的模范行动带动下,延安军民经过几年的艰苦奋斗,不仅战胜了困难,渡过了难关,359 旅的战士们还把荒芜的南泥湾改造成了陕北的"好江南",实现了丰衣足食。

"我有我的生产任务"

精兵简政办法好

"'精兵简政'这一条意见,就是党外人士李鼎铭先生提出来的,他提得好,对人民有好处,我们就采用了。"毛泽东这段名言,曾经在中国大地上传颂,留下了一段毛泽东尊重党外人士、善于听取正确意见的佳话。

李鼎铭原是陕西省米脂县的一位有名望的绅士。他为人正直,同情农工,热爱祖国,拥护共产党的抗日政策,在当地名望较高。1941年,陕甘宁边区按照中国共产党的主张,扩大抗日民族统一战线,在政权建设中实行"三三制"(即在政府人员组成上共产党员、左派进步分子和中间派各占三分之一)原则,广泛团结各阶级、各阶层、各党派民主人士参加抗日救国民主事业。李鼎铭作为开明绅士,被选为米脂县参议会会长、陕甘宁边区第二届参议会议员。

1941年11月6日,陕甘宁边区第二届参议会在延安隆重开幕了。李鼎铭和其他从工人、农民、中共干部、党外人士中新选出的议员、候补议员以及首长、来宾共计800多人济济一堂,共商边区大事,这是一次边区民主建政的空前盛会。

毛泽东作为中国共产党领导人和中华苏维埃中央政府主席出席了会议,并发表了重要讲话。他说:国事是国家的公事,不是一党一派的私事。因此,共产党员只有同党外人士实行民主合作的义务,而无权利排斥党外人士。他明确指出:"共产党的这个同党外人士实行民主合作的原则,是固定不移的,是永远不变的。并且现在就要好好实行起来。"他诚恳地希望各位参议员提意见,与共产党一起把国事办好。

李鼎铭第一次聆听毛泽东的讲话,感到特别兴奋并受到鼓舞。他觉得毛泽东的话,说得这样透彻,真叫自己佩服得五体投地。共产党为了团结抗日,与党外人士合作的政策,确实真心实意,感人肺腑,他深表敬佩。

在参议会的选举中,李鼎铭被选举为副议长。当选后,李鼎铭发表了就职演说。他说,既蒙选举,自当勉尽绵力。后来,他回忆说:"当选以后拜访毛泽东的窑洞时,我第一次遇见了他,当时我就告诉他说,我有一个议案要提出来。毛泽东很感兴趣。我坦白地告诉他,因为困难,现在必须在军队和政府中实行精兵简政。我们必须裁兵裁官,加强效率。"

这个提案,就是著名的"精兵简政"的议案。

议案的主要内容是,为了更好地完成抗日救国大业,兵要精、政要简,行政机构要以质胜量,提高办事效率。李鼎铭在提案中说,军事政治的建立,必须以经济力量为基础。在今日人民困苦、资源薄弱的状态下,欲求不因经济枯竭而限制军政发展,亦不因军政发展而伤害经济命脉,唯有政府彻底计划经济,实行精兵简政主义,量入为出,制定预算,以求得相依相助,平衡发展的效果。在财政经济力量范围内和在不妨碍战斗力量条件下,对于军事应实行精兵主义,加强战斗力,以兵皆能战、战必胜为原则,避免老弱病残滥竽充数等现象。对于政府应实行简政主义,充实政府机构,以人少事精,胜任职责为原则,避免机关庞大,冗员充塞,浪费人力、财力等现象。应提倡节约、廉洁的作风。

事前有一些民主人士因对共产党能否采纳建议有怀疑,曾多次劝阻他不要提出。但李鼎铭看到毛泽东和党的其他领导人参加大会、小会,认真听取对政府的批评和建议,深深感到共产党与党外人士合作的态度是诚恳的,就大胆地将议案提了出来。

议案提出来后,果然受到一些人的批评,认为"提倡精兵主义,部队就不能发展",更有人怀疑李鼎铭提出这个方案的动机不良。而毛泽东对这个提案却非常重视。

延安隆冬的夜晚,西北风呼呼地刮个不停。阵阵寒风透过薄薄的窗纸袭进窑洞。在微弱的煤油灯下,毛泽东认真研究着这个提案,拿起红铅笔把重要的段落圈了起来,又一字一句地抄在自己的笔记本上,并在旁边加了一段批语:这个办法很好,恰恰是改进我们的机关主义、官僚主义、形式主义的对症药。

几天后,"精兵简政"提案提交大会讨论。李鼎铭刚发完言,毛泽东就站了起来,他一边鼓掌,一边走到前台,非常深刻而生动地阐述实行精兵简政的必要性,并批评了某些人的不正确的意见。他说,在抗战初期,采取精兵主义自然是不对的,但现在情况不同了,全面抗战已经四五年了,人民经济有很大困难,而我们的大机关和不精干的部队,已不适应今天的战争环境。教条主义就是环境改变了,还是死啃不合时宜的教条。同时,他告诫党内的同志,同党外人士亲密合作,可以克服我们许多同志的关门主义作风。毛泽东停了一下,严肃地强调:我们的党是为人民服务的,不论谁提出的意见,只要对人民有好处,我们就照办。

"精兵简政"的议案终于在参议会上通过了,并决定"交政府速办"。同年12月,中共中央作出了"精兵简政"的指示,要求切实整顿党、政、军各级组织机构,精简机关,充实连队,加强基层,提高效能,节约人力物力。为此,毛泽东还专门为《解放日报》撰写了《一个极其重要的政策》的社论。

此后,不仅陕甘宁边区实行了精兵简政,党中央还把这项政策推广到其他根据地去。精兵简政的实施,不仅使党政军机关逐步达到了"精简、统一、效能、节约和反对官僚主义"的五项目的,而且对于解决"鱼大水少"的矛盾,减轻人民负担,度过抗日战争最艰苦的阶段,坚持持久抗战,起了重要作用。

在这次参议会上,经毛泽东提名,李鼎铭当选为边区政府副主席。李鼎铭心想,我已当选为参议会副议长了,又当选政府副主席,岂能一身二任呢? 于是向参议会提出,请大会做出决定。最后,经大会决定,李鼎铭担任边区副主席职务,免去了副议长的职务。不久,他把家从米脂搬到延安,把全部家产献给了当地政府。来延安不久,毛泽东派车把他接到杨家岭做客,问到他搬家的情况时,李鼎铭说把家产全部献给了国家。毛泽东说:留一点吧。他说:一点也不留。毛泽东哈哈大笑着说:"你真是个开明人士。"

李鼎铭在边区政府中做了许多有益的工作,并以亲身感受宣传党的政策。英国记者 G.斯坦因随中外记者团考察延安时,曾单独采访李鼎铭,他问道:"你是个非共产党员……你以为你在边区政府真能起什么作用吗?"李鼎铭笑了,他自豪地回答:"我是有职有权。"

1947 年 12 月 11 日,李鼎铭与世长辞,享年 66 岁。陕甘宁边区政府和人民在绥德为李鼎铭举行了隆重的追悼大会。中共中央、毛泽东、边区政府各级党政机关及其他解放区都送来了挽联。中共中央的悼词写道:"李鼎铭先生在陕甘宁边区政府工作中,作了许多有益于人民的贡献,人民对他的功绩,将永志不忘。"

精兵简政亦法好

交洋朋友

毛泽东

　　毛泽东交过不少洋朋友,美国记者埃德加·斯诺便是其中之一。自 1936 年 7 月,毛泽东和他在陕北延安的窑洞里相识,到 1972 年斯诺逝世为止,他们之间的友谊长达 35 年之久。斯诺是第一个采访、报道红色中国的记者,如果说他的《西行漫记》及其他著作成为中美人民友谊的催化剂,那么就中美关系来说,他是第一个报春的燕子。毛泽东称他为"中国人民的朋友"。

　　1936 年 7 月,陕北高原的沟壑之间,若隐若现地出现了一行人,一个向导牵着一头骡子,骡背上驮着简单的行李,其中一个骑马的外国人就是斯诺。

　　1928 年,为了寻找"东方的魅力",他来到中国,到过中国的许多省份及周围的国家。他目睹了 1932 年的淞沪战争和 1933 年的热河战争,目睹了国民党统治下中国人的境况。他结识了美国著名的进步新闻记者史沫特莱,也和鲁迅、宋庆龄及一些中共地下党员有所接触。这一次,他怀里揣着写给苏维埃主席毛泽东的一封介绍信,冲破国民党的封锁,踏上了这块沟壑纵横、土地贫瘠、人烟稀少的神秘土地。他想亲自探寻这块一直"遭到铜墙铁壁一样严密的新闻封锁而与世隔绝,被千千万万敌军所组成的一道活动长城时刻包围着的红色区域"究竟是什么样子? 中国共产党人究竟是什么样的人? 毛泽东——南京通缉名单上的第一号"赤匪",蒋

■ 1936 年斯诺为毛泽东拍摄的照片

介石悬赏25万银洋不论死活要缉拿到他，他是怎样的人呢？那个价值这么高昂的东方人的脑袋里到底有些什么名堂呢？

毛泽东对斯诺的来访非常重视。斯诺到达延安的第二天，毛泽东就在他的住所接见了这位来自大洋彼岸的客人。

当斯诺怀着激动的心情走进毛泽东的住所时，毛泽东已经在门口迎接他了。毛泽东面带笑容，用大而有力的手握住这位美国青年的手，高兴地说："欢迎！欢迎！"

斯诺望着毛泽东高大的身躯，坚毅不屈的神态，炯炯有神的双眼，热情好客、和蔼可亲的举动，感到这是"一个非常精明的知识分子的面孔"，这哪里是国民党宣传的鲁莽、无智的匪首形象？一种对毛泽东的敬意油然而生。

来到窑洞里，毛泽东请客人坐在有靠背的木凳上，警卫员有礼貌地递上开水。毛泽东看着斯诺面带旅途疲倦的样子，笑着说："蒋介石封锁得厉害，你能到我们这里真不容易呀！"斯诺通过翻译，听懂毛泽东的意思，激动地站起来说："我一进入红区，就发现这是一个崭新的天地，给我带来了极大的喜悦，使我忘记了旅途的疲劳。红区的新气象，已经证明蒋介石的宣传是骗人的、荒谬的！"

毛泽东听着斯诺的叙说，笑了。他吸了一口烟，看着斯诺说："周恩来同志在电报中说，你是一位对中国人民友好的记者，相信你会如实报道我们的情况。任何一位新闻记者来到我们根据地采访，我们都欢迎。不许新闻记者到我们这里来的，是国民党反动派。你可以到根据地任何一个地方去采访，你看到的都可以报道，我们不限制你的采访活动，而且尽可能给你方便和帮助。"

斯诺听了毛泽东的这番话，既吃惊，又高兴，他激动地站起来说："我会公正、如实地向全世界报道你们的情况的！"

毛泽东也高兴地说："好！希望你能如实报道。"接着又幽默地说："不过你如实报道，蒋委员长看到要大发脾气的！"

斯诺哈哈地笑了起来。就这样，毛泽东和斯诺在延安的窑洞里轻松愉快地相识了。

斯诺第二次见到毛泽东，是在那天的傍晚。毛泽东光着头在街上走，一边和两个年轻的农民谈着话，一边认真地做着手势。开始斯诺并没有认出那个人是谁，是别人指出"那是毛泽东"，斯诺才认出。他怎么也想不到"南京悬赏25万元要他的首级，可是他却毫不介意地和旁的人一起走"。

斯诺在延安的日子里，几乎每天晚上都和毛泽东在一起，坐在"四壁简陋，空无所有，只挂了一些地图"的那孔在石崖下挖出的窑洞里长谈。

谈话通常是在晚上九点多开始，未谈之前，毛泽东常讲一两个小故事。谈到十一二点时，毛泽东招待斯诺吃一顿便餐，有馒头和简单的菜，菜里有一点点肉，这在当时是十分难得的。对客人来说，这是夜宵，但对毛泽东来说，则是正餐。通过这种交往，斯诺对毛泽东的认识逐步加深，他看到了一个共产党领袖生活的各个侧面。

"毛氏夫妇的主要奢侈品是一顶蚊帐。除此之外，毛泽东的生活和红军一般战士没有什么两样。做了十几年红军领袖，千百次地没收了地主、官僚和税吏的财产，他所有的财物却依然是一卷铺盖，几件随身衣物——包括两套制服。他虽然除了主席以外还是红军的一个指挥员，但他所佩戴的领章，也不过是普通红军战士所佩戴的两条红领章。"

"我曾几次同毛泽东一起去参加过村民和红军学员的群众大会，去过红色剧院。他毫不惹眼地坐在观众中间，玩得很高兴。"

毛泽东和斯诺谈话的范围很广，内容极其丰富。斯诺认为，毛泽东是一个令人极感兴趣而复杂的人。他有着中国农民质朴纯真的性格，颇有幽默感。他发现毛泽东博览群书，精通中国历史，对哲学和世界史也有深刻的研究。他有惊人的记忆力和善于讲演的才能，回答每一个问题时，都兴致极高，开怀畅谈，旁征博引。他能讲述许多古典故事，以古喻今，切中时弊，风趣横溢。毛泽东如此熟悉政治、军事、历史、地理、文学、哲学,具有如此渊博的知识,使斯诺钦佩而折服。

斯诺被中国共产党人所从事的事业以及毛泽东的个人魅力所深深吸引。在斯诺再三的请求下,毛泽东第一次向外人讲述了他个人的历史。当毛泽东叙述到红军的成长过程时,他开始超出“个人历史”的范畴,并且以某种方式不知不觉地把个人历史融入一个伟大运动的历程之中,他所关心的是作为历史的人类集体命运的转变。毛泽东的叙述,使斯诺深深感到,毛泽东的生平是整整一代人的一个丰富的横断面,是了解中国国内动向的原委的一个重要的指南。

毛泽东生动风趣的语言,浓重的湖南口音,精辟的论述,令斯诺兴奋不已。一次,毛泽东看着这个同情中国革命的美国青年,突然问道:“你为什么要漂洋过海到中国来?”斯诺闪着一双蓝宝石似的眼睛,笑着回答说:“我开始是盲目到中国来‘撞大运’的,想写一本畅销世界的书,成为一个作家。”

毛泽东幽默地说:“我看你到我们红区来,是撞上大运啦,保准能写出一本畅销世界的书。”

斯诺点点头说:“是的。”接着,他又说,我目睹了中国的现状,受到很大的震动。为了寻找中国的希望之火,我结识了鲁迅先生,他帮助我找到了一把了解中国的钥匙。如今,这把钥匙打开了红色中国的大门。

陕北之行后,斯诺完成了他最著名的著作《红星照耀中国》(即《西行漫记》),向全世界公正而翔实地介绍了中国共产党领导下的工农红军和革命根据地的真实情况。这次冒险所引起的激情和对中国人民的热爱,不仅使他和毛泽东本人结下了深厚的友谊,而且使得斯诺用他后半生的几乎全部精力,对中国问题作了继续的探索和报道。1939 年,他再次访问延安,与毛泽东谈话。新中国成立后,1960 年、1964 年和 1970 年又先后三次来到中国,为增进中美两国人民的友谊作了不懈的努力。

■ **1965 年 1 月 9 日毛泽东在北京接见斯诺**

1972 年 2 月 15 日,斯诺与世长辞。在弥留之际,他在病床上,面对中国派去的以马海德为首的医疗小组,用生命的最后力量说出了最后一句话:"我热爱中国。"

毛泽东在给斯诺夫人发去的唁电中说,斯诺先生是中国人民的朋友……他将永远活在中国人民的心中。

友洋朋友

为人民服务

共和国领袖故事

提起延安，人们都知道有个枣园。那么，枣园的西山脚下，有一座"为人民服务"的讲话台，恐怕就鲜为人知了。这里就是1944年9月，中共中央警备团为战士张思德召开追悼会的地方，毛泽东在追悼会上发表了著名的《为人民服务》的讲演。从此，张思德这位普通战士的名字就和为人民服务的光辉思想紧紧联系在一起了。

张思德是在陕北安塞山中烧木炭，因炭窑崩塌而牺牲的。1944年秋，张思德带了一个班到安塞石峡峪山中烧木炭，以解决冬季取暖问题。

烧木炭，要先挖好炭窑。张思德和战士小白分在一个组，两个人干得特别起劲，还和其他组搞起了竞赛。9月5日这一天，下起了小雨，可战士们谁也不肯停下来，都想争取早点完成任务。炭窑越挖越深了，张思德用小镢头刨窑壁、窑顶，小白用铁锹将刨下来的土从窑里扔到窑外。眼看着炭窑快挖成了，张思德正拿着小镢头整修窑面，突然，险情出现了，炭窑开始松动，往下掉土，就在炭窑即将崩塌的瞬间，张思德用力把小白推出窑口，自己却被埋在两米多深的厚土里。

张思德牺牲了。张思德为了人民的利益，为了战友的安全，献出了年轻的生命，牺牲时年仅29岁。

■ 张思德(左)烧木炭

噩耗传到了中央警备团,部队首长和战友们悲痛万分,泣不成声。张思德是中央警备团的警卫员。警卫大队长古远兴把张思德牺牲的消息报告了毛泽东,并向毛泽东诉说着张思德和他们在一起的一件件往事。有一次,张思德将一封信送到目的地返回后,已是半夜,秘书又拿来一份急件,要求火速送到清凉山的《解放日报》社。此时,天正下着大雨,张思德看看熟睡的战友,不忍心叫醒他们,二话没说,又冒着雨出发了。近二十里路,天黑路滑,不知摔了多少个跟头,全身变成了泥人。他怕文件淋湿,索性将沾满泥巴的鞋脱掉,把文件放在两只鞋中间,往肘窝一夹,朝前奔去。等他返回枣园时,东方已经发白。张思德换了衣服,钻进灶房,又给大家烧水做饭。同志们起床后看到他忙碌的样子,还以为他是起了个大早呢。

毛泽东听着古远兴的叙说,泪流满面,十分动情。毛泽东说:"前方打仗死人是没有办法的,后方生产劳动死人不应该。"停了一下,他又说:"第一要给张思德身上洗干净,换上新衣服;第二要打一口好棺材;第三要开追悼会,我参加,要讲话。"

9月8日下午,张思德追悼会在警备团操场隆重举行。追悼会场庄严、肃穆。土台上搭起了布棚,布棚前横挂着"追悼张思德同志大会"的条幅,台里挂着鲜红的党旗,旗下挂着张思德的遗像。周围摆满了战友们和机关干部亲手做的花圈。毛泽东亲笔题写了"向为人民利益而牺牲的张思德同志致敬"的挽词。

人们怀着无比沉痛的心情走进会场,中央警备团的指战员、中央直属机关的干部来了,枣园村的乡亲们也来了,共一千多人参加了追悼会。这时人们发现毛泽东来了,来参加一个普通而又伟大的战士的追悼会。他神情凝重,迈着缓慢而沉重的脚步走进会场,亲手把花圈献在烈士的遗像前,上面有他亲笔题写的"永垂不朽"四个大字。毛泽东站在烈士的遗像前,沉默了许久、许久。在场的人们为之动容,台下响起了一片哭泣声。

追悼大会开始了,全体肃立,高唱国际歌,表达着人们无限的哀思。

当警卫团负责人报告了张思德的生平后,毛泽东缓步走上主席台,发表了"为人民服务"的著名讲演。

毛泽东高度评价张思德是为人民利益而死的,指出"他的死是比泰山还要重的"。毛泽东说:"人总是要死的,但死的意义有不同。中国古时候有个文学家叫做司马迁的说过:'人固有一死,或重于泰山,或轻于鸿毛。'为人民利益而死,就比泰山还重;替法西斯卖力,替剥削人民和压迫人民的人去死,就比鸿毛还轻。"

人们可能要问,张思德一个普通战士,何以得到如此隆重的追悼和崇高的荣誉呢?为人民服务的问题,是毛泽东一直思考的问题。从一个普通战士的牺牲,使毛泽东对这个问题的思考逐渐成熟起来。这就是毛泽东在讲演中所指出的:"我们的共产党和共产党所领导的八路军、新四军,是革命的队伍。我们这个队伍完全是为着解放人民的,是彻底地为人民的利益工作的。"

张思德追悼会结束了,但是毛泽东为人民服务的光辉思想却永远成为中国共产党的宗旨。

重庆谈判

1945 年 8 月 10 日，日本宣布无条件投降的消息传到延安时，新华社译电员一路奔跑呼喊着把胜利的消息传到每一个窑洞。狂热的学生撕破棉袄，掏出棉花扎在棍子上，蘸上煤油点起火把，到大街上游行。在延安市场沟卖水果的农民，激动地把成筐的果子抛向天空，让人们吃"胜利果实"。

十四年抗战，中国人民终于迎来了胜利。在举国上下欢庆胜利的时候，一直躲在峨嵋山的蒋介石又在打着什么算盘呢？

毛泽东早已料到，蒋介石要下山摘桃子，抢夺抗战胜利果实了。

8 月 11 日，蒋介石电令朱德"所属部队，应就原地驻防待命"。而令国民党的军队拼命抢占地盘，"加紧作战努力"，"积极推进，勿稍松懈"。

枣园窑洞灯火通明，毛泽东奋笔疾书，痛斥蒋介石在挑动内战，并以朱德的名义，拍电报给蒋介石："这个命令你是下错了，并且错得很厉害，使我们不得不向你表示，坚决地拒绝这个命令。"之后，毛泽东又提出了六项严正要求，请蒋介石答复。

8 月 13 日，延安军委小礼堂，毛泽东站在一张八仙桌前，面对与会的延安党政军高级干部，慷慨陈词，讲了一段摘桃子的故事：

"一棵桃树，树上结了桃子，这桃子就是胜利果实。蒋介石蹲在峨嵋山上一担水也不挑，现在他却把手伸得老长老长地要摘桃子。"

"他说，此桃子的所有权属于我蒋介石，我是地主，你们是农奴，我不准你们摘。"

"我们说，你没有挑过水，所以没有摘桃子的权利。我们解放区的人民天天浇水，有权利摘的应该是我们。"

8月14日，就在毛泽东讲摘桃子故事的第二天，蒋介石也许自知这桃子摘起来不那么理直气壮，因此给毛泽东发了电报，邀请毛泽东赴重庆，共商国家大计。

毛泽东接到电报，脸上露出一丝轻蔑之意，"过去，蒋介石对付我们是左手拿刀，右手也拿刀。看来，今天他要一手拿刀，另一手要拿'和平'的幌子来对付我们了。"毛泽东一眼就看穿了蒋介石"假和平，真内战"的缓兵之计。

紧接着，蒋介石于8月20日、23日又两次电邀毛泽东赴重庆谈判。短短的10天内，蒋介石三次电邀。冠冕堂皇，大有刘备三顾茅庐之坦诚。

面对蒋介石咄咄逼人之"和平"攻势，中共中央多次召开会议，讨论同国民党进行谈判的问题。党内多数人不同意毛泽东去重庆赴蒋介石的"鸿门宴"。毛泽东耐心地说服着大家，他说："蒋介石三次邀我，这个风险要冒，不去，不利。虽然是假戏，但要假戏真做。不然，内战的帽子戴在我的头上，戴到我们共产党人的身上。这样一来，我们就会失掉一些人心。"对于中央的工作，毛泽东作了周密的部署，并指示前线的同志，你们要狠狠地打，打得越狠越好，打得越狠，我越安全。

8月28日，毛泽东就要乘蒋介石的专机，在周恩来、王若飞、张治中、赫尔利的陪同下，飞往重庆了。

延安机场上人山人海，送行的人把机场挤得水泄不通。毛泽东最后一个走上飞机，他站在飞机舱口，望着机场周围的清凉山、宝塔山、凤凰山上站立着的送行的人群，他的眼睛湿润了。毛泽东用坚定的目光望着送行的人群，用宽大的手掌握住那顶深灰色的盔式帽，慢慢举起，举起，然后用力一挥，停在空中……

■ 1945年8月，毛泽东离开延安飞往重庆，向欢送的军民挥帽告别

飞机起飞后，毛泽东派人告诉周恩来："让飞机绕延安城一周，我要向延安人民道个别！"

途中，毛泽东问同行的警卫员："齐吉树，你害怕不害怕呀？""不怕，和主席在一起，我什么也不怕！""这就对喽，此去重庆有两种可能，一是谈不成，蒋介石把咱们扣起来，坐大牢，或者干掉。二是蒋介石还不敢冒天下之大不韪，谈判有个结果……"毛泽东在想着此行会是一个什么样的结局。

毛泽东和蒋介石，这两位20世纪中国历史上叱咤风云的政治对手在重庆见面了，展开了一场历史的较量。

29日清晨，毛泽东在林园曲径蜿蜒的小道上散步，与不期而遇的蒋介石有这样一段对话。

■ 重庆谈判期间毛泽东和蒋介石在招待会上

毛泽东说："现在全国人民都在盼望能有一个和平的环境，重新建设家园，而你却要你的部队接连不断地向我进攻，造成内战不断，这种破坏谈判的行为如何解释？"

蒋介石回答国内并无内战，意欲另辟话题，以虚避实。毛泽东穷追不舍："要说中国没有内战，蒋主席恐怕是自欺欺人吧！"接着，毛泽东历数了几十年来的大量事实。并向蒋介石提出了国共两党谈判的原则性意见。

蒋介石耐着性子听着，显出一副无可奈何的样子苦笑道："十几年不见，没想到你毛润之的胃口越来越大了！"在蒋介石眼里，毛泽东永远是个"土包子"，但他又为这位"土包子"身上释放出来的能量而震惊不已。

毛泽东在重庆的43天，经历了一场尖锐的针锋相对的斗争。谈判过程中，毛泽东将原则的坚定性和策略的灵活性高度结合，体现出以谈对谈，以打对打，用革命的两手对付反革命的两手的高超斗争艺术。

毛泽东亲赴重庆，向全国人民表明了中国共产党谋求和平的真诚愿望，受到了全国人民的热烈欢迎和社会舆论的高度赞誉。蒋介石的算盘又打错了，只好硬着头皮派出王世杰、张群、邵力子、张治中作为谈判代表与中共代表周恩来、王若飞进行谈判。在谈判中，国民党丝毫没有准备，一切提案均由共产党提出。

毛泽东根据蒋介石一打内战，二搞独裁的打算，提出："第一条中国要和平；第二条中国要民主。"蒋介石没有理由反对，只好赞成。这样一来，共产党声望大增。民主人士柳亚子称毛泽东"一身系天下之安危"。

在谈判中，对军队、政权等原则问题，毛泽东针锋相对，强调"人民的武装，一枝枪、一粒子弹，都要保存，不能交出去"。蒋介石原想逼中共交出军队，交出政权，毛泽东则强调军队国家化、政治民主化，这是个原则问题，不能让步。在这两个问题上，双方最终没有达成协议。但在解放区问题上，中国共产党主动让出南方八个解放区，表示了争取和平的诚意。

经过 43 天艰苦的谈判，在中共的斗争和国内外舆论的压力下，蒋介石被迫承认了中共提出的和平建国方针；被迫承认避免内战，建设独立、自由和富强的新中国；被迫承认结束国民党的训政，召开政治协商会议，取消特务机关和释放政治犯等。

10 月 10 日，国共双方代表签订了《国民政府与中共代表会谈纪要》（简称"双十协定"）。

当日晚，在国府举行了"双十节"招待宴会。

宴会后，蒋介石与毛泽东道别，他握着毛泽东的手说：

"我们之间的是非与否，历史会做出结论的。"

望着蒋介石那充满挑战的目光，毛泽东十分自信地说：

"历史是人民写的，人民会做出正确的选择。"

毛泽东与蒋介石的重庆谈判，是国共两党高层领导的一次历史较量。历史已做出证明：

人民选择了毛泽东，历史选择了中国共产党。

最后撤离延安

1947年3月,蒋介石在"全面进攻"遭到连连失败以后,转而向山东和陕甘宁边区发动了重点进攻。

蒋介石在西北集结了34个旅(师)共25万兵力,由胡宗南指挥,向延安发动军事进攻。企图一举拿下延安,摧毁我党中央首脑机关。

形势十分严峻。当时,我人民解放军在西北只有3万多人,不仅兵力处于绝对劣势,装备上也远不如敌军。面对十倍于我的强大敌人,中共中央决定以诱敌深入的方针,在运动中歼灭敌人,必要时撤离延安,驻延安的党政军机关及群众立即紧急疏散。

3月11日,胡宗南下达蒋介石的命令:"三天之内攻占延安。"

3月13日凌晨,胡宗南以15个旅14万人的兵力,由洛川、宜川一线分两路向延安发起了猛攻。为了配合地面作战,自上海、徐州调来94架作战飞机,疯狂地对延安进行轮番轰炸,进攻的第一天就投弹59吨。往日和平宁静的延安城,一下子变得硝烟弥漫。

敌人在王家坪附近投了许多炸弹,毛泽东临危不乱,像往常一样聚精会神地批阅文件。警卫员十分担心毛泽东的安全,劝他到防空洞去,他总是说:"不要紧,窑洞这么厚。"正说着,一个警卫员捡了一块弹片拿来给毛泽东看,他接过弹片在手里掂了掂,从容地说:"噢,这个很好啊!可以打两把菜刀用。"

敌人的轰炸越来越猛，警卫员心急火燎，一再催促毛泽东和中央首长尽早转移。

毛泽东却不紧不慢地说："着什么急呀，现在胡宗南还远着哩。就是到了眼前，也没有什么可怕的，大路朝天，各走一边。敌人从大路来，我们从小路走。我是要最后撤离延安的。我还要看看胡宗南的兵是个什么样子呢！"

对于撤离延安，许多干部战士的思想都转不过弯来。为了解开部队指战员的思想疙瘩，毛泽东于3月14日接见了保卫延安的新四旅的几位负责同志，同他们进行了长时间的谈话，反复阐明放弃延安的重大意义。

毛泽东说："延安是党中央所在地，我们要主动放弃它，战士们是会有反应，当然，敌人更会有反应。中央搬了家，他们就会喊叫：共产党垮台了。他们要是占了延安，更会吹牛。蒋介石还会开个庆祝大会，庆祝他们的'胜利'……"说到这里，毛泽东笑了起来。接着，他又说："延安是要保的。我们在延安住了十年，挖了窑洞，吃了小米，学了马列主义，培养了干部，指导了中国革命，全中国全世界都知道有个延安，延安不能不保。但是，延安又不可保。两万多人一下子要消灭23万敌人是困难的。"

毛泽东用过去战争的实例，反复说明作战不在于一城一地的得失，主要是歼灭敌人有生力量的道理。他说："'存人失地，人地皆存；存地失人，人地皆失'，这是显而易见的道理。""我们今天放弃延安，就意味着将来要解放西安、解放南京、解放全中国。同志们回去以后，问一问战士们，拿一个延安换一个全中国，看他们愿意不愿意啊？"

谈话中，有的人说："一枪不放，就把延安让给敌人，真有些不甘心！"毛泽东笑了笑说："你们完全可以放几枪嘛，运输大队长要来，我们总得放几枪欢迎他。延安就这么几孔窑洞，还是我们打的，他也搬不走，要是破坏了，那也好，将来我们好盖大楼。人民永远是我们的，我们怕什么！"面对敌人大兵压境，毛泽东以轻松、诙谐、自信的语气和干部们谈着话。

大家听了毛泽东的话，深受启发和教育。临别时，毛泽东说："少则一年，多则两年，我们还要回到延安来的。"他把同志们送到门口，一面和大家握手，一面笑着说："好啊！我们下次在哪里见面呢？可能不是延安了，也许是南京、上海或是北平吧！"

3月18日，敌人已经占领延安城郊的三十里铺及其以南地区，延安城内已清楚地听到前线传来的炮声和枪声。机关和群众已经有秩序地撤退，延安已成了一座空城。眼看敌人就要进城了，毛泽东却还丝毫没有要走的意思。他照旧看文件、批电报。毛泽东说过，他要最后撤离延安。彭德怀了解毛泽东的个性，知道他向来说到做到。

警卫员已经做好了一切撤离的准备，随时准备出发。时间一小时一小时地过去了，毛泽东仍稳坐钓鱼台。

傍晚前后，敌人已经接近七里铺、宝塔山了。彭德怀从前线视察回来，一看毛泽东还没有走的意思，可急坏了，他不由得大声喊了起来："老毛，赶快走，一分钟也不能耽误了，胡儿子的兵有什么可看的！"

毛泽东不慌不忙地说："我说彭大将军，你这个司令，是西北军民的司令，可不是我老毛一个人的司令呀！你怎么老把眼睛盯着我老毛呢？你先看一看群众都转移了没有？"

毛泽东稳坐在椅子上问："机关都搬完了吗？""早搬完了。"警卫员抢着回答。

"群众呢？"

"最后一批两小时以前就走了。"

"嗯。"毛泽东满意地哼了一声，"好吧，吃饭！"

枪声越来越密集，夹杂着喊杀声和手榴弹的爆炸声。饭菜早已装在饭盒里，准备带在路上吃。谁料到毛泽东要在这里吃饭，只好又拿出来。平时吃饭，毛泽东总是三下五除二，快得很，可今天却细嚼慢咽起来。

最后撤离延安

周恩来无奈又把彭德怀请来了,彭德怀一脚门里一脚门外地就吼起来:"快走,快走!一分钟也不能呆了。龟儿子有什么好看的,部队代你看了。"

秘书们忙着清理办公室,窑洞外的汽车也已发动。

毛泽东对身边的工作人员说:"把房子打扫一下,文件不要丢失。带不了的书籍可以留下,摆放整齐,让胡宗南的兵读一点马列主义也有好处。"

说着,毛泽东站起身来,深情地环顾一下房子,一声不响地走了出去。

毛泽东站在门外,眷恋地环顾四周的山峦,凝视着生活了十年的延安古城,望着身边的战士,"你们愿意走吗?"毛泽东动情地问,一句话,引得大家的眼圈湿润了。

毛泽东转过身子,对身边的周恩来说:"我实在是不愿意走的。本来我要看看胡宗南的兵是什么样子,可是彭老总不答应,他让部队代看。我惹不起他,那就这么办吧!"

"同志们,上车吧,我们还会回来的!"毛泽东大声地对大家说。

司机踩动油门,汽车发动起来。毛泽东、周恩来和王震乘坐一辆深蓝色的美式吉普车,最后撤离了延安,踏上了转战陕北的征程。

转战陕北

　　毛泽东离开延安后，没有过黄河，他还留在陕北，与胡宗南的部队在山里"捉迷藏"。一直到西北战场取得了决定性的胜利，全国的战局有了转机，毛泽东才离开陕北，东渡黄河。人们把这段历史称为"转战陕北"。

　　1947年3月19日，也就是毛泽东撤离延安的第二天，胡宗南的部队便轻而易举地"占领"了延安。

　　胡宗南立即向蒋介石发去邀功捷报："我军经过七昼夜的激战，第一旅终于19日晨占领延安，是役俘虏敌军五万余人，缴获武器弹药无数……"胡宗南可真能吹牛，他们损兵折将占领的不过是一座空城，当时共产党领导下的西北野战军总共也不过三万余人，何来的俘虏五万？但是，蒋介石却犹如注射了强心剂一般，立即嘉奖胡宗南。胡宗南更是得意忘形地飞到延安，大张旗鼓地庆祝胜利，骄横地认为"共军不堪一击"，急于寻找我军主力决战。

　　正当胡宗南被胜利冲昏头脑时，3月25日，敌31旅2 900余人在青化砭钻入了我军早已准备好的"口袋"中，仅1小时47分，就全部被歼，旅长李纪云被俘。这一仗打得胡宗南晕头转向。

　　3月29日，中共中央在清涧县枣林沟召开紧急会议，讨论中央的去向问题。

　　毛泽东在会上分析了形势，权衡利弊后，认为还是不走为好。

他认为,其一,中央留在陕北,可以拖住胡宗南集团,减轻山东和华北战场的压力,配合即将开始的战略反攻。其二,留在陕北虽然处于敌优势兵力的包围之中,但陕北地形复杂,群众基础好,回旋余地大,安全有保障。

毛泽东深情地说:"长征后,我们党像小孩子生了一场大病一样,是陕北的小米和延河的水滋养我们恢复了元气。在陕北人民最需要我们的时候,怎么能离开他们呢?陕北问题不解决,我决不过黄河!"

经过争论,中央统一了意见:党中央和毛泽东、周恩来、任弼时继续留在陕北,指挥全国的解放战争;刘少奇、朱德、董必武等组成中央工作委员会到华北去,执行中央委托的工作;叶剑英、杨尚昆、邓颖超等组成中央后方委员会,带一部分年老体弱的同志到晋西北去,一方面搞土改,一方面为陕北筹集物资。之后,中央机关按军事编制,编为一个直属司令部,下辖四个大队。直属司令部代号为"九支队"。

为了保密,周恩来提议给几位负责人取个代号。

毛泽东说:"我叫李得胜!"解释为有真理就得胜利。

周恩来说:"革命事业必定成功,我又是大胡子,我就叫胡必成!"

任弼时,陆定一则根据所担任职务的谐音,一个叫史林(司令),一个叫郑位(政委)。

毛泽东留在陕北,决心和胡宗南、蒋介石周旋到底。他把这种战术叫"蘑菇战术",就是利用陕北地形有利,群众条件好,牵着敌人的鼻子在山区周旋,将其肥的拖瘦,瘦的拖垮,待其精疲力尽时,再寻找机会歼灭。

毛泽东曾经这样形容这个战术:"敌人好比一只手,来延安时握着拳头,等他进来后把五指伸展开来,我们就将他的指头一个一个地切掉。敌人又像几块豆腐垒在一起,我们的口没有那么大,吃不了,等他摆开来,我们就能一块一块地把他吃掉。"

■ 1947年春毛泽东在转战陕北途中

青化砭战役后，我军又取得了羊马河、蟠龙战役的胜利。这三战三捷，是我军在撤离延安后40多天内取得的，共歼敌1.5万余人，还缴获了大批粮食和军用物资。给了胡宗南沉重的打击，粉碎了敌人妄图消灭我军于陕北或将我军赶过黄河的计划。

此时的胡宗南，像发了疯的狂人一样，怒气冲冲，初占延安时的傲气荡然无存。下层官兵更是感到"风声鹤唳，草木皆兵"的恐惧，好像漫山遍野都是"共军"的天下，不敢轻举妄动。

蟠龙战役后，新华社负责人范长江曾经写了一首打油诗，淋漓尽致地描述了胡宗南的失败和窘境："胡蛮胡蛮不中用，延榆公路打不通；丢了蟠龙丢绥德，一趟游行两头空；官兵六千当俘虏，九个半旅像狗熊；害得榆林邓宝珊，不上不下半空中。"

毛泽东在陕北运筹帷幄，指挥着全国的解放战争。在西北战场取得胜利的同时，山东战场的陈毅、粟裕大军取得了孟良崮战役的胜利，歼灭了蒋介石的精锐部队74师，师长张灵甫被击毙。蒋介石苦心筹划的对西北、山东两翼重点进攻的战略遭到惨重的失败，难怪蒋介石说他"精神上受到无穷的刺激"。

1947 年 6 月，战争的形势在加快发展，我军转入战略进攻的时机已经成熟。转战途中的毛泽东高屋建瓴，抓住有利时机，不给敌人喘息的机会，指挥我军立即由战略防御转入战略进攻。6 月 30 日，刘伯承、邓小平率领中原野战军，越过黄河，挺进大别山，揭开了战略进攻的序幕。7 月，中央在陕北靖边县的小河村，召开了前委扩大会议，布置了全国的战略反攻。8 月，陈赓、谢富治兵团挺进豫西，形成了"三军配合，两翼牵制"的战略局面。为了配合全国战场的战略进攻，西北战场佯攻榆林，调敌北上。待敌向绥德集结后，我军又撤出榆林战斗，以小部兵力引敌继续北进，另一小部兵力掩护后方机关东渡黄河，迷惑敌人；而以主力集结榆林以东、佳

■ 1947 年 8 月，毛泽东在转战陕北期间查看地图，部署人民解放军的战略进攻

县西北地区隐蔽待机。胡宗南果然上套,并判断西北共军已成"仓惶逃窜"之势,即令所属各军"迅速追击勿失良机",扬言"一战结束陕北问题"。

8月20日,沙家店战役打响了。这是一场关系西北战局转折的重要战役。战斗前,毛泽东接通了前线指挥部彭德怀的电话:"我是毛泽东!"转战陕北后,毛泽东第一次公开使用自己的名字,意义尤为重大。他命令前线将士,要"坚决、彻底、干净、全部地消灭敌人"。此役仅两个多小时,全歼敌36师及两个旅共6 000余人,彻底扭转了战局。从此西北战场转入了战略进攻。

1948年3月3日,西北野战军又取得了宜川瓦子街战役的胜利,歼敌2.9万余人。至此,中央留在陕北的任务已经完成。

自从1947年3月18日毛泽东撤离延安后,一直与陕北人民在一起同甘苦、共患难,与陕北人民建立了深厚的感情。他和战士们一起跋山涉水,风雨夜行;与战友们一同挤在黑漆漆充满酸菜味的窑洞里办公,撑起布搭帐篷,点着油灯查看地图,布置战斗……整整一年零五天,行程1 000多公里,途经12个县38个村庄,陕北的山沟里留下了毛泽东坚实的脚步。

1948年3月23日,毛泽东、周恩来、任弼时率领中央机关,来到吴堡县川口村南的园则塔渡口。

马上就要过黄河了,毛泽东表情凝重,面河而立,向着河西,向着他生活和战斗了13个春秋的陕北高原,动情地说:"陕北人民对革命做出了很大贡献,我们是忘不了的。"

毛泽东离开了陕北,踏上了迎接新的胜利的征途。

1个月后——1948年4月21日,被敌人占领了1年1个月又3天的延安,重新回到了人民的怀抱。

进京赶考

1949年3月23日，毛泽东和他的战友们，离开西柏坡，前往北平，去迎接新中国的到来。毛泽东把这称作"进京赶考"。

这是一个初春时节，大地已经解冻，万物复苏，一派生机盎然的景象。小小的西柏坡沸腾起来，村里村外，大路旁和谷场上停满了汽车，挤满了人群，中央机关今天就要启程迁往北平。

就要出发了，毛泽东环视着他的办公室，点燃一支烟，深深地吸了一口，淡淡的烟雾慢慢弥漫开来。就要走了，就要离开这个中国共产党在农村的最后一个司令部，开始由城市领导乡村的伟大战略转变。

毛泽东在这里度过了9个月零29天。他和他的战友们调动千军万马，指挥了辽沈、淮海、平津三大战役，从根本上动摇了国民党政府对中国的统治，奠定了夺取全国胜利的稳固基础。他和他的战友们为之奋斗了28年的理想就要实现了。用不了多长时间，全国就要解放了，面临着建立新政权的问题。他和他的战友们绘制的新中国的伟大蓝图，就要去实践了。毛泽东在烟雾中深深地思索着。

午饭后，中央几位负责同志陆续来到毛泽东的住所。周恩来笑着问："主席，休息好了没有？路途很长，很辛苦的。"

毛泽东精神焕发，也意味深长地笑道："今天是进京的日子，不睡觉也高兴呀。今天是进京赶考嘛，进京赶考，精神不好怎么行呀！"

■ 毛泽东和周恩来在西柏坡

周恩来马上接着说："是呀，我们应当都能考试及格，不要退回来。"

毛泽东坚定而充满自信地说："退回来就失败了，我们决不当李自成，我们都希望考个好成绩。"

毛泽东并没有被即将到来的胜利冲昏头脑，他十分清楚，未来的路又是一次新的长征，将是十分艰难和漫长的。他和他的战友们，必须保持清醒、谨慎和兢兢业业。

熟谙中国历史的毛泽东始终铭记着中国农民革命历史上那位悲剧式的农民领袖李自成。300年前，李自成率领着农民起义军，高唱着凯歌，打进北京城，上演了一部因胜利而骄傲，因骄傲而腐败，因腐败而失败，仅48天就狼狈逃出皇宫帝都，倏然间一败涂地的悲剧。

早在延安整风期间，毛泽东就把郭沫若描述李自成由胜利而迅速失败的文章《甲申三百年祭》列为整风文件。告诫全党，不要重蹈胜利后骄傲的覆辙。

此时的毛泽东，也还在思索着黄炎培提出的"周期律"的问题。

进京赶考

那是 1945 年 7 月,黄炎培等 6 名国民参议员对延安进行访问。临别时,黄炎培与毛泽东有一段关于"周期律"的谈话。

毛泽东请黄炎培谈谈来延安考察的观感。

黄炎培坦率地说:"我生 60 多年,耳闻的不说,所亲眼看到的,真所谓'其兴也勃焉,其亡也忽焉'。一人、一家、一团体、一地方乃至一国,不少单位都没有跳出这周期律的支配力。大凡初时聚精会神,没有一事不用心,没有一人不卖力,也许那时艰难困苦,只有从万死中觅取一生。继而环境渐渐好转了,精神也渐渐放下了,有的因为历时长久,自然地惰性发作,由少数演变为多数,到风气养成,虽有力气,无法扭转,并且无法补救。也有因为区域一步步扩大,它的扩大,有的出于自然发展;有的为功业欲驱使,强求发展,对干部人才渐见竭蹶,艰于应付的时候,环境倒越加复杂起来了,控制力不免薄弱了。一部历史,'政怠宦成'的也有,'人亡政息'的也有,'求荣取辱'的也有。总之,没有能跳出这周期律。中共诸君从过去到现在,我略略了解的,就是希望找出一条新路,来跳出这个周期律的支配。"

黄炎培这一席话,令毛泽东十分高兴,有了黄炎培这样敢于真言的诤友,我们的事业才能兴旺发达。毛泽东回答说:"我们已经找到了新路,我们能跳出这周期律。这条新路,就是民主。只有让人民来监督政府,政府才不敢松懈。只有人人起来负责,才不会人亡政息。"

毛泽东的话,使黄炎培看到了希望。他说:"这话是对的,只有把大政方针决之于公众,个人功业欲才不会发生。只有把每个地方的事,公之于每个地方的人,才能使地地得人,人人得事。用民主来打破这周期律,怕是有效的。"

黄炎培提出的"周期律"的问题,使毛泽东深受启发,也深受感动。作为一个党外人士,为党的前途,国家的未来,直言相告,未雨绸缪,说明他们对中国共产党寄予了极大的希望。毛泽东想,中国共产党人有责任把中国的事情办好,通过共产党人的努力,跳出这个历史的怪圈。

从那以后,周期律的问题一直萦绕着毛泽东。

就在两个月前,傅作义在交出北平之后,感慨颇深,他以军人的率直对前来接收的解放区代表也表达了同样的忧虑。他说:"我们国民党30年就垮台了,你们共产党当然不会那么快就重蹈覆辙,但40年、50年以后,会不会呢?"

毛泽东在刚刚结束的七届二中全会的报告中一再告诫全党:"中国的革命是伟大的,但革命以后的路程更长,工作更伟大、更艰苦。这一点现在就必须向党内讲明白,务必使同志们继续地保持谦虚、谨慎、不骄不躁的作风,务必使同志们继续地保持艰苦奋斗的作风。"毛泽东把周期律的问题提到了新的高度,引起全党的重视。

下午两点,毛泽东、刘少奇、朱德、周恩来、任弼时等率中央机关出发了,四乡的百姓们扶老携幼,站在路旁,登上高处,目视着车队,为毛泽东送行。

毛泽东一行离开了西柏坡,踏上了"进京赶考"的征程。

进京赶考

出访莫斯科

毛泽东一生出国访问只有两次，去的都是苏联。1949 年 12 月 6 日，毛泽东乘坐专列，首次踏上通往莫斯科的旅程。这是新中国成立后，毛泽东以党和国家最高领导人的身份首次对苏联进行正式友好访问，这是一次历史性的访问。

毛泽东此次访苏，名义上是参加 1949 年 12 月 21 日斯大林 70 寿辰的庆祝活动，其实主要的目的是同斯大林就有关中苏两国重大的政治、经济合作问题进行商谈，重点是处理国民党政府与苏联 1945 年签订的《中苏友好同盟条约》。

此次跟随毛泽东出访的人很少，只有政治秘书陈伯达，工作人员汪东兴、叶子龙，俄语翻译师哲，苏联驻华大使罗申和负责中长铁路恢复工作的柯瓦廖夫也同行。1949 年 12 月 16 日正午 12 点，在深沉而宏亮的钟声中，毛泽东一行到达莫斯科。苏联部长会议副主席莫洛托夫、元帅布尔加宁、外贸部长孟希科夫等到车站欢迎。毛泽东在车站发表了简短的书面讲话。首先，他高度评价了中苏两国人民的深厚友谊。在谈到当前的任务时，毛泽东指出："目前的重要任务，是巩固以苏联为首的世界和平阵线，反对战争挑拨者，巩固中苏两大国家的邦交，发展中苏两国人民的友谊。"

由于莫斯科天气寒冷，毛泽东匆匆检阅了仪仗队后，便乘车前往斯大林在第二次世界大战期间使用的乡间别墅下榻。

■ 在莫斯科举行的庆祝斯大林七十寿辰宴会上，毛泽东和斯大林在一起

　　当晚 10 时，苏方安排毛泽东在克里姆林宫会见斯大林。这是毛泽东与斯大林两个伟人的首次会晤。一见面，斯大林就紧紧握着毛泽东的手，注视端详了一会儿说："你还很年轻、很健康嘛！"而后，连声说道："伟大，真伟大！你对中国人民的贡献很大，你是中国人民的好儿子！我们祝愿你健康！"对于斯大林，毛泽东一方面很敬重他，但另一方面对他在中国革命关键时刻指导上的失误也感到不满。于是，毛泽东情不由己地说："我是长期受打击排挤的人，有话无处说……"斯大林听出了话外之音，赶快把话接过来说："胜利者是不受谴责的。不能谴责胜利者，这是一般的公理。"然后，两位领导人就国际形势、中苏两国关系等问题交换了意见。在谈到处理中苏旧约时，双方发生了分歧。

　　1949 年 12 月 21 日是斯大林 70 寿辰，苏方在莫斯科大剧院举行庆祝大会。斯大林和各兄弟党的代表都在主席台就座。毛泽东第一个致祝词，他的祝词是由费得林代读的。毛泽东高度评价了斯大林对国际共产主义运动的贡献。他说，斯大林同志是世界人民的导师和朋友,也是中国人民的导师和朋友,他发展了马克思列宁主义的革命理论,并对于世界共产主义的事业作了极其杰出的贡献。毛泽东不到300字的祝词,博得了全场阵阵掌声。

毛泽东到莫斯科的最初一段时间里,除了祝寿和同斯大林进行过两次会谈外,苏方没有安排任何活动,会谈也没有取得实质性的进展。这主要是斯大林出于维护苏方既得利益的考虑,不愿意签订新的中苏条约,故意采取拖而不谈的做法。对此,毛泽东十分恼火。有一次,他对受命前来看望他的柯瓦廖夫和费得林说:"你们把我叫到莫斯科来,什么事也不办,我是干什么来的? 难道我来这里就是为了天天吃饭、拉屎、睡觉吗?"毛泽东表示不满的话语,震动了斯大林。另外,对于毛泽东访苏,世界各国极为关注,但十几天来,苏联竟没有作任何新闻报道。于是,西方报刊对此议论纷纷,甚至谣传毛泽东被斯大林软禁起来了,以挑拨中苏关系,这对刚刚建交的中苏双方都是不利的。在这种情况下,斯大林不得不改变维持旧约的立场,开始采取较为积极的做法。

1950年元旦,苏方安排塔斯社记者采访毛泽东。第二天,苏联《真理报》全文发表了《塔斯社记者对中华人民共和国主席毛泽东访问记》,披露了毛泽东访苏的目的和中苏会谈的主要内容。当

■ 1950年2月14日,中苏两国在莫斯科举行《中苏友好同盟互助条约》签字仪式

晚,斯大林派莫洛托夫、米高扬会见毛泽东,征求他对签订中苏条约的意见,并同意周恩来率中国代表团来莫斯科谈判,签订新的中苏条约。

在等待周恩来抵达莫斯科的那段时间里,毛泽东晋谒了列宁墓并敬献了花圈,会见了苏联最高主席团主席什维尔尼克,游览了列宁格勒,参观了冬宫和阿芙乐尔号巡洋舰,观看了苏德战争中的防御工事,还参观了基洛夫机器制造厂。

1950年1月20日,奉毛泽东的指示,周恩来率中国代表团抵达莫斯科。1月22日,中苏就签订新约和有关协定问题开始正式谈判。毛泽东和斯大林就商定各项问题的原则及工作方法交换了意见。从23日起,由周恩来、李富春、王稼祥与米高扬、维辛斯基、罗申谈判具体内容。

2月14日,这是一个富有历史意义的日子。《中苏友好同盟互助条约》的签字仪式在克里姆林宫隆重举行,同时签订的还有《关于中国长春铁路、旅顺口及大连的协定》、《关于苏联贷款给中华人民共和国的协定》等文件。苏联外长维辛斯基、中国总理兼外长周恩来分别在条约和协定上签字。同日,双方还发表了《公告》。

签字仪式结束后,大家合影留念。斯大林与毛泽东并肩站在中间,斯大林略矮于毛泽东,当记者开始照相时,斯大林有意向前挪动了一下,这样从照片上看,两位巨人就显得一般高大了。

2月17日,毛泽东、周恩来等结束对苏联的访问,启程回国。归国途中,毛泽东、周恩来还进行了参观访问。在出访苏联的这段时间里,毛泽东、周恩来十分注重参观苏联的工厂和农村,他们认真地参观,默默地思考,在脑海中勾画着祖国的建设蓝图。3月4日,毛泽东、周恩来等回到北京。

此次,毛泽东主席、周恩来总理率中国代表团访问苏联,前后历时近3个月。虽然在毛泽东与斯大林的会谈及具体谈判过程中,由于一些复杂的因素一度出现僵局和曲折,但结果还是圆满成功的。总之,《中苏友好同盟互助条约》及有关条约、协定的签订,对于巩固中苏两国人民的友谊,反对帝国主义的侵略,维护远东及世界的和平与安全,促进中国经济的恢复和发展,起过重要作用。

为了藏族人民的幸福

西藏位于中国的西南边陲,是中国神圣领土不可分割的一部分。藏族是中华民族大家庭中具有悠久历史和灿烂文化的一个重要成员。

但是,西藏在和平解放以前,是一个在官家(即政府,藏语音译噶厦——编者注)、贵族、上层僧侣黑暗统治下的封建农奴制社会。到了近代,中国遭受帝国主义列强的侵略,沦为半殖民地半封建社会,帝国主义侵略的魔爪同时也伸进了西藏地区。侵略者利用西藏民族对晚清政府、北洋政府和国民党政府奉行民族压迫政策的憎恨和不满,竭力挑拨西藏同祖国的关系,煽动"西藏独立",妄图把西藏从祖国分裂出去,变成帝国主义控制下的殖民地。1949年,随着解放战争的节节胜利,在美、英帝国主义的支持和挑唆下,西藏地方当局中的分裂主义分子策划"西藏独立"的阴谋活动越来越猖獗,一时间闹得甚嚣尘上。

对于西藏的局势,毛泽东一直十分关注。新中国成立后,为了驱逐帝国主义在西藏的势力,实现祖国的统一,解放饱受苦难和奴役的藏族人民,毛泽东从西藏的历史和现状的实际出发,确定了处理西藏问题的一个重大决策——争取和平解放西藏。

西藏问题的和平解决以西藏地方当局和平接受中国人民解放军进驻西藏为条件,这是中央既定的不可动摇的方针。1949 年 12

月,毛泽东指出:中央要求进军西藏的计划是坚定不移的,但要尽可能采取一切方法与西藏上层达赖集团谈判,使达赖留在西藏与我们和谈。为此,中央人民政府在命令解放军进军西藏的同时,多次通知西藏地方当局派代表来北京商谈和平解放西藏的事宜。中央人民政府和平解放西藏的方针政策赢得了全国人民特别是藏族同胞的拥护,藏族中许多知名的爱国人士自愿为和平解放西藏奔走效力,有的还为此献出了宝贵的生命。西藏和平解放已成为人心所向,成为不可抗拒的历史潮流。然而,西藏地方当局中以摄政达扎为首的亲帝分裂分子,却自恃有帝国主义的支持,拒绝中央人民政府的和平召唤,在昌都地区部署藏军主力,妄图以武力拦阻解放军入藏。在这种情况下,进藏部队被迫于1950年10月发起了昌都战役。

■《关于和平解放西藏办法的协议》的签字仪式

■ 毛泽东设宴庆祝和平解放西藏办法协议的签订（左起：阿沛·阿旺晋美、毛泽东、班禅额尔德尼·确吉坚赞）

　　昌都战役的胜利,粉碎了帝国主义和西藏亲帝分裂主义分子分裂祖国的阴谋,迫使西藏地方当局派代表到北京同中央人民政府举行和平解放西藏的谈判。

　　与此同时,中央人民政府还特别邀请第十世班禅额尔德尼·确吉坚赞等到京,共同协商和平解放西藏的问题。十世班禅是长期滞留青海塔尔寺的西藏佛教领袖。1949年10月1日,班禅怀着无比激动的心情致电毛泽东、朱德,表示拥护中央人民政府,希望早日解放西藏。11月23日,毛泽东、朱德复电班禅,明确表示:"西藏人民是爱祖国而反对外国侵略的,他们不满意国民党反动政府的政策,而愿意成为统一的富强的各民族平等合作的新中国大家庭的一分子。中央人民政府和中国人民解放军必能满足西藏人民的这个愿望。希望先生和全西藏爱国人士一致努力,为西藏的解放和汉藏人民的团结而奋斗。"

　　1951年4月29日,以李维汉为首席全权代表的中央人民政府全权代表和以阿沛·阿旺晋美为首席代表的西藏地方政府全权代表,就和平解放西藏的有关问题在北京举行谈判。

　　毛泽东对西藏和平谈判工作十分关心和重视,他不仅亲自制定重大的方针政策,还亲自接见谈判代表和做西藏领袖人物的思想工作。谈判期间,正逢"五一"国际劳动节,中央邀请西藏代表团和班禅参加观礼活动。这一天,毛泽东在天安门城楼上同时接见了阿沛和班禅,他们按照藏族的风俗习惯向毛泽东敬献了哈达。毛泽东亲切地对班禅说:"要搞好团结。国内各民族要团结,西藏内部也要团结。要与达赖喇嘛搞好团结。你可以给达赖喇嘛发电报,宣传共产党的政策,保护寺院,保护宗教信仰自由。"毛泽东又对阿沛和张国华说:"你们要好好谈,有什么问题都摆在桌子上。可以争论,可以吵架,但不要分手,都是一家人。家里的事情要商量着办。要谈出团结来,谈出进步来。"这是毛泽东第一次会见西藏的领袖人物,虽然是礼节性的,但却有重要的意义。毛泽东的亲切接见和观礼活动,使阿沛和班禅亲身感受到了中央人民政府对西藏人民的关怀和祖国大家庭的温暖。

　　按照毛泽东制定的方针和政策,在友好的气氛中,双方经过反复协商,加上班禅方面的积极配合,终于达成了《关于和平解放西藏办法的协议》。1951年5月23日,在中南海勤政殿,举行了庄严的签字仪式。

　　签字仪式举行的当天下午,毛泽东会见李维汉、张国华,听取汇报工作。毛泽东高兴地说:"好哇,你们办了一件大事,这是一个胜利。但这只是第一步,下一步要实现协议,要靠我们的努力。"

　　5月24日下午,毛泽东在怀仁堂接见了西藏和谈代表和班禅堪布会议厅主要官员,毛泽东称赞协议的签订是一件大好事,他还耐心地向大家介绍党的民族政策,并说明中央人民政府对西藏工作的宗旨就是为西藏民族和人民谋利益。

　　当晚,毛泽东举行盛大的庆祝宴会并发表了重要讲话。他指出:"几百年来,中国各民族之间是不团结的,特别是汉民族与西藏民族之间是不团结的,西藏民族内部也不团结。这是反动的满清政府和蒋介石政府统治的结果，也是帝国主义挑拨离间的结果。现在，达赖喇嘛所领导的力量与班禅额尔德尼领导的力量与中央人民政府之间，都团结起来了。这是中国人民打倒了帝国主义及国内反动统治之后才达到的。这种团结是兄弟般的团结，不是一方面压迫另一方面。这种团结是各方面共同努力的结果。今后，在这一团结基础之上，我们各民族之间，将在政治、经济、文化等一切方面，得到发展和进步。"

和平解放西藏协议的签订，标志着西藏民族从此摆脱了帝国主义的侵略和羁绊，回到中华人民共和国各民族友好合作的大家庭中来，这是西藏人民从黑暗和痛苦中走向光明和幸福的第一步。

为了藏族人民的幸福

送子从军

在朝鲜平安南道桧仓郡中国人民志愿军烈士陵园里，有一座普普通通的坟墓，墓前立着一块花岗岩石碑，碑上刻着这样几个大字：毛岸英同志之墓。

毛岸英是毛泽东的长子，也是毛泽东最喜爱的儿子。

1950年6月，朝鲜战争爆发。应朝鲜政府的请求，中国政府毅然决定派遣中国人民志愿军赴朝参战，抗美援朝，保家卫国。当时，毛岸英正在北京机器总厂任党委副书记。在父亲毛泽东的熏陶和教育下，岸英有着很高的政治觉悟。他积极响应党中央的号召，递交了要求参加志愿军的申请书。恰好这时，中国人民志愿军司令员兼政委彭德怀正在北京向毛泽东、党中央汇报情况。在彭德怀离京赴东北准备入朝的前一天，毛泽东设便宴招待彭德怀，为他出国送行，作陪的只有毛岸英一个人。席间，毛泽东恳切地要求彭德怀带他的儿子毛岸英到朝鲜前线去经受战火的考验。

当时，一些老同志得知毛泽东决定送岸英到朝鲜前线去，曾劝阻毛泽东，说岸英在单位负有重要责任离不开，就不要去参战了。但是，毛泽东想到自己是党的主席，共和国的主席，在送子从军这点上，应该做全党和全军的榜样。于是，毛泽东坚定地说："谁叫他是毛泽东的儿子！他不去谁还去？"

就这样，毛岸英参加了中国人民志愿军总部的工作。1950年

10月19日,中国人民志愿军跨过鸭绿江,开赴朝鲜前线。毛岸英在志愿军总部担任俄语翻译,在没有翻译任务时,就当机要秘书,分管收发电报的工作。

然而,不幸的事发生了。1950年11月25日11时左右,4架美国轰炸机突然飞临志愿军司令部上空,疯狂地倾泻了近百枚凝固汽油弹,作战室的木板房和周围的山林、小屋,顿时浓烟滚滚,烈火腾空而起。当时,毛岸英和参谋高瑞欣正在木板房内值班,因来不及跑出,不幸牺牲。毛岸英牺牲时年仅28岁。

毛岸英牺牲的当天下午,志愿军司令部就将岸英不幸牺牲的消息电告了中央军委。当时,因毛泽东正在病中,又忙于国内外重大事务,周恩来把电报暂时搁下。直到1951年1月2日,才将电报送给毛泽东看。并附一封信安慰说:"毛岸英的牺牲是光荣的,当时因你们都在感冒中,未将此电送阅……胜利之后,当在大榆洞立纪念志愿军烈士墓碑。"

1951年2月21日,彭德怀回国向毛泽东汇报志愿军入朝作战情况后,心情十分沉重地向毛泽东汇报了岸英的牺牲经过和处理情况。他对毛泽东说:"主席,你让岸英随我到朝鲜前线后,他工作很积极。可我对你和恩来几次督促志司注意防空的指示不重视,致岸英和高参谋不幸牺牲,我应承担责任,我和志司的同志至今还很悲痛。"

听着彭德怀的叙说,毛泽东的眼圈湿润了,久久地沉默着,一支接一支地抽着烟。毛泽东是一位领袖,也是一位感情十分丰富细腻的父亲,爱子的不幸牺牲,使他陷入了深深的悲痛之中。此时,岸英的许多往事浮现在他的眼前。岸英出生在1922年。毛泽东为长子起了个响亮的名字:岸英,反映了他盼子成才的美好愿望。岸英从小就过着动荡的生活。1930年,年仅8岁的岸英同母亲杨开慧一起被关进监狱,受尽了摧残和折磨。杨开慧英勇就义后,经人说情作保,岸英和保姆被释放。在地下党的帮助下,岸英和他的两个弟弟辗转到达上海。在白色恐怖年代,岸英兄弟动荡

■ 毛泽东与家人在一起(左起:江青、李讷、毛泽东、刘思齐、毛岸英)

不定,过着极端艰难的生活。后经党组织的帮助,岸英兄弟来到莫斯科,开始了新的生活。在苏联,岸英参加了苏联卫国战争,是一位受到斯大林赏识的苏联红军中尉。1946年,岸英回国,回到了他日夜思念的父亲身边。

沉默良久之后,毛泽东凝望着窗外那已经萧条的柳枝,轻轻吟起了《枯树赋》:"昔年移柳,依依汉南。今看摇落,凄怆江潭。树犹如此,人何以堪!"然后抬起头,缓慢地说道:"革命战争总是要付出代价的嘛!为了国际共产主义事业,反抗侵略者,中国人民志愿军的英雄儿女,前赴后继,牺牲了成千上万的优秀战士。岸英就是牺牲了的成千上万革命烈士中的一员,一个普通的战士。不要因为是我的儿子,就当作大事。不能因为是我,党的主席的儿子,就不该为中朝两国人民的共同的事业而牺牲。世上哪有这样的道理呀!"

爱子岸英的不幸牺牲,对于毛泽东来讲实在是一个难以接受的事实。这一沉重的打击虽然使他痛苦万分,但他仍能以无产阶级革命家的豁达胸怀,坚强的革命意志把老年丧子的痛苦深埋心中,把岸英的牺牲看作是为国际共产主义事业,为人类的和平和进步事业所应做出的贡献。这是何等坚强的意志和高尚的情操！

　　毛岸英牺牲后，他的妻子刘思齐曾请求将岸英的遗体运回国内安葬，毛泽东却摇摇头说："青山处处埋忠骨，何必马革裹尸还，不是还有成千上万的志愿军烈士安葬在朝鲜吗？"当时，金日成主席也曾向毛泽东提议，把岸英的遗体送回中国安葬，毛泽东没有同意，他说，成千上万的志愿军牺牲在朝鲜，埋在朝鲜，岸英也应该埋在朝鲜，这样可以使中国人民永远不会忘记朝鲜。

　　■ 坐落在朝鲜平安南道桧仓郡的毛岸英同志之墓

送子从军

145

朝鲜停战协定签订后,1954 年 12 月,志愿军总部发电军委总干部部,询问如何安置毛岸英的遗骨。总干部部复电要求运回北京。彭德怀认为这样做不妥,经过深思熟虑后,他给周恩来写了封信:"我意即埋在朝鲜,以志司或志愿军司令员刊碑,说明其自愿参军和牺牲经过,与同时牺牲的另一参谋高瑞欣合埋一处,似此教育意义较好,其他死难烈士家属亦无异议。"

　　周恩来将此信转送毛泽东,毛泽东十分赞赏彭德怀对这件事的处理,他说:"这很好,做得对。"

　　就这样,毛泽东的长子毛岸英永远地安息在了他生前为之流血牺牲的朝鲜国土上。

尊师情

　　毛泽东青年时代有过许多老师，他从老师身上汲取了多方面的知识。对于自己的老师他一直十分尊敬和关心。新中国成立后，毛泽东虽身居高位，但他在繁忙的工作之余，仍常常与自己的老师保持联系，或书信往来、寄款寄物，或亲邀来京、畅叙往事。

　　毛泽东与他当年在一师读书时的校长张干先生之间的师生情，就是中国尊师史上的一段佳话。

　　1950年10月的一天，毛泽东在中南海宴请他当年在一师的几位最敬爱的师长和最亲密的学友，他们是：徐特立、谢觉哉、王季范、熊瑾玎及周世钊。席间，周世钊问毛泽东："主席，你还记得一师的张干先生吗？"这一问使毛泽东陷入了沉思，勾起了他对往事的回忆。

　　张干，湖南新化人。1915年，毛泽东在湖南第一师范学校读书时，他是该校的校长。当时，他按照湖南议会颁布的一项新规定，要求学生从下学期开始，每人每月交纳10元学杂费。这一规定引起了家境贫寒或经济不富裕的大多数学生的强烈反对，特别是原四师的学生，因合并的原因，要多读半年的书，自然还要多交半年的学费。由此，学生对张干十分不满，纷纷罢课，掀起了一场声势浩大的"驱张运动"，轰动一时。对此事，张干非常恼怒，下令开除毛泽东在内的17名带头"闹事"的学生，由于杨昌济、王季范、徐特立等教员的劝阻、反对,毛泽东才未被开除学籍,但受到了记过处分,张干也因"驱张运动"的强大压力,被迫离开了一师。

弹指一挥间,30多年过去了。如今,大家谈到了当年的老校长,毛泽东亲切地问道:"这么多年了,他生活还好吗?"当听说张干先生一直没有离开教书岗位,如今,古稀之年仍在长沙妙高峰中学教书,并且生活十分窘迫时,毛泽东感慨地说:"张干这个人很有能力,很会说话,三十几岁就当一师校长,很不简单。我过去对张干是不满意的,我是估计他一定要向上爬,爬到反动政治队伍里做高官。但是,刚才听说他现在还在画粉条,几十年了,他还没有爬上去,可见他没有向上爬的决心,这是难能可贵的。"

对于当年的那场学潮之事,毛泽东颇有自责地说:"现在看来,当时赶走张干没有多大的必要。每个师范生交10元学杂费的事,也不能归罪于他。至于多读半年书,有什么不好呢?"

周世钊见毛泽东谈到张干及往事,不但没有记恨这位老校长,反而在惦记和关心着他。于是,他详细地向毛泽东汇报了张干的愁苦心情及生活的困境。毛泽东听后动情地说:"张干先生如此困难,我作为晚辈,作为他的学生,应该尊敬他、关心他、照顾他。不要说这是中华民族的优良传统,仅就张先生是我们的校长,是我们的老师,我们就没有理由不关心照顾他。"

几天后,湖南省人民政府主席王首道收到毛泽东的来信,要求湖南方面对张干先生给予照顾。王首道即派人给张干先生送去了1 200斤救济米和50万元(旧币)钱。对此,张干感激万千,夜不能寐,他含泪给毛泽东写了一封信"润之吾弟主席惠鉴:敬启者……深感吾弟关怀干的生活,(弟)经国万机,不遗在远,其感激曷可言喻?"

接信不久,毛泽东亲笔给张干写了回信,表达了对昔日老校长的尊敬和关心之情。张干为自己的学生中有这样的一位重师生情谊的领袖而感到高兴。此后,毛泽东又亲邀张干及青年时代的师友罗元鲲、李漱清、邹普勋赴京会面。

1951 年 9 月的一天,中南海丰泽园毛泽东寓所的客厅里异常热闹,毛泽东正在与张干等 4 位先生愉快地交谈。谈话间,毛泽东把自己的女儿李敏、李讷叫进来,微笑着向她们一一介绍自己的校长和师友们,并说道:"你们平时常说,你们的老师怎么好,怎么好。你们看,这是我的老师,我的老师也很好嘛。"接着,毛泽东又诙谐地说:"我的老师,你们要叫太老师呦!"李敏、李讷为爸爸的尊师之情所感动,恭恭敬敬地喊了一声:"太老师好!"

　　毛泽东设家宴招待 4 位先生。餐桌上鸡、鸭、鱼、肉都有,这是毛泽东家宴中很少见到的"规格"。席间,毛泽东为每一位先生斟了一杯酒,张干捧着酒杯,喜悦中又显出不安和歉疚。他一直在为 30 多年前的那场学潮之事感到不安,他一直想找个机会向过去的学生,如今的主席毛泽东道个歉。今天,他一定要利用这次机会,当面说出自己的心里话,以卸心中之重负。于是,他用沉重的语调缓缓地对毛泽东说:"一师时,我曾主张开除你,真对不起呀!"毛泽东却笑着摆摆手说:"我那时年轻,看问题片面。过去的事,咱们不提了。"毛泽东还谦和地引用古诗说:"谁言寸草心,报得三春晖,我这棵'寸草',是怎么也难报答老师的'三春晖'啊!"

　　此次北京之行,给 4 位师友,特别是张干留下了终生难忘的印象。他们在北京期间,毛泽东除了设家宴款待,陪他们参观中南海,看电影外,还从自己的稿费中支出一部分钱,为他们赶制衣服,买生活用品并分发零用钱。毛泽东还请卫生部副部长傅连璋为老校长和师友检查身体和治病。此外,在京期间,张干不但国庆节时登上了天安门观礼台,游览了京津名胜古迹,还第一次坐飞机俯瞰了长城风光。

　　张干从北京回到长沙后,在日记中写道:"毛主席优待我们,可谓极矣。我们对革命无所贡献,而受优待,心甚惭愧!"

　　毛泽东为老师所做的一切,充分表达了他对老师的尊敬和关爱之情。这种尊师的高尚品德和情操值得后人学习。

尊师情

149

不做寿

毛泽东一贯重视执政党的党风建设。因为他深知"上有所好,下必甚焉"的历史道理,深知执政党的党风对社会风气有极大的示范作用。因而,他特别强调党的领导干部,尤其是包括自己在内的高级领导干部要严于律己,以身作则,发挥表率和榜样的作用。

禁止为领导人"祝寿送礼"就是毛泽东端正党风,廉洁自律的重要体现。

生日,是每个人一生中的重要节日,谁都希望自己的生日过得热闹喜庆,留下美好的记忆。然而,毛泽东自从投身中国人民的解放事业,成为职业革命家后,就很少正式庆贺自己的生日,并且历来禁止别人为他祝寿。

对于自己的生日,毛泽东并不是不重视,他也希望自己的生日过得热热闹闹、喜气洋洋。但是,他深知中国人有重视生日送礼的习俗,自己作为党和国家的最高领导人,如果在生日这件事上带头搞庆典,必然会"上行下效",造成不良的影响,如果党内盛行此风,必然败坏党风、政风。因此,毛泽东宁愿在平平淡淡中度过自己的生日,也决不开"祝寿送礼"之风。

早在延安时期,毛泽东就公开反对为领导人搞生日庆典活动。1943年12月26日是毛泽东50大寿。在中国,50岁生日可谓是值得庆贺的大寿。当时,任弼时曾让诗人肖三写一本关于毛泽东的传记,以庆贺毛泽东的 50 大寿,当毛泽东知道此事后,坚决反对以写传记的形式为他祝寿。于是,这本计划中的传记未能如期完成。当时延安还有人提出要给毛泽东搞个生日庆典,也被他严词拒绝。就这样,延安各界没有举行任何庆祝活动,毛泽东在静悄悄中度过了自己的 50 寿辰。第二年,毛泽东在延安设宴招待客人。席间,爱国将领续范亭问起毛泽东的岁数和生日时间,当他得知去年是毛泽东的 50 大寿,而毛泽东却坚决反对为他举行任何祝寿活动时,感慨万千,敬佩不已,当场赋诗一首,赠给毛泽东。

> 半百年华不知老,
>
> 先生诞日人未晓。
>
> 黄龙痛饮炮千鸣,
>
> 好与先生祝寿考。

毛泽东阅后,诙谐地说:"先生的好意我领受了,不过,祝寿就没有必要啰。"

建国前夕,在党的七届二中全会上,为了防止执政以后党内高级干部腐化和官僚化,毛泽东及时向全党敲响了警钟:夺取全国革命的胜利,只是万里长征走完了第一步,以后的路程更长,工作更伟大、更艰苦,"务必使同志们继续地保持谦虚、谨慎、不骄、不躁的作风,务必使同志们继续地保持艰苦奋斗的作风"。在会议的总结发言中,毛泽东还明确指出:"禁止给党的领导者祝寿,禁止用党的领导者的名字作地名、街名和企业的名字,保持艰苦奋斗作风,制止歌功颂德现象。"

1953 年 8 月,在全国财经工作会议上,毛泽东再次向全党和党的高级干部郑重指出:"一不做寿,做寿不会使人长寿,主要是把工作做好;二不送礼,至少党内不要送;三少敬酒,一定场合可以;四要少拍掌,出于群众热情,也不泼冷水;五不以人名作地名;六不要把中国同志与马、恩、列、斯平列。"

不做寿

■ 毛泽东 70 岁生日时与女儿李敏夫妇在一起

这一年正好是毛泽东的 60 大寿。60 生辰就是花甲之寿，中国人自古至今都十分重视。韶山故乡的亲友按照乡下的风俗，怀着为领袖祝福的美好心愿，纷纷写信给毛泽东，要求进京为他做寿，毛泽东一一婉言谢绝。1953 年 10 月 4 日，毛泽东在给韶山革命老人毛月秋的信中说："为了了解乡间情况的目的，我同意你来京一行"，而不是"为了祝寿，此点要讲清楚"。在信的末尾，毛泽东还以着重号加在"不要带任何礼物"上，以此强调不能做寿，不许做寿。这一年，毛泽东只是在家里摆了一桌酒席，在身边工作人员和子女的庆贺和祝福声中度过了他的 60 生辰。

1963 年 12 月 26 日是毛泽东的 70 大寿。"人生七十古来稀"，祝寿乃人之常情。毛泽东身边的工作人员和警卫战士为了表达祝福他老人家健康长寿的美好心愿，提出为他做一次寿。毛泽东知道后，语重心长地对身边的医护人员说："大家都不做寿，这个封建旧习惯要改革。你知道，做一次寿，这个寿星就长一岁？ 其实就是少了一岁，不如让他偷偷地走过去，到了八九十岁，自己还没有发觉……这多好啊！"就这样，毛泽东又免去了做寿。

1967 年 12 月 26 日是毛泽东 74 岁寿辰。这一年年底，韶山人修建了韶山铁路。与此同时，坐落在韶山火车站对面的毛泽东青年时代的塑像也已落成。为此，当时湖南省革命委员会筹备小组报告中央，表示要在毛泽东 74 岁寿辰这一天举行隆重的通车典礼，同时还提出请毛泽东题写站名，召开大规模庆祝会等事项。毛泽东看到周恩来转来的这份报告后，认为湖南的这种做法是一种变相的祝寿行为，于是他批示禁止为他祝寿，更反对题字及韶山铁路在他诞辰日通车剪彩。

1973 年 12 月 26 日是毛泽东一生中的最后一个整岁生日——80 寿辰。当时，全世界 100 多个国家发来了贺电和贺信，朝鲜民主主义人民共和国金日成主席还派人送来了寿礼，可毛泽东一条也不让宣传，后来仅仅在新华社的内部刊物《参考消息》上透露了一点信息。

不做寿

153

"我和我的孩子都不能搞特殊"

在如何教育子女这个问题上，不同思想境界的人有不同的看法。一代伟人毛泽东是如何教育自己的子女呢？

毛泽东一向反对干部子女搞特殊化。他曾说，我很担心我们的干部子弟，他们没有生活经验和社会经验，可是架子很大，有很大的优越感。要教育他们不要靠父母，不要靠先烈，要完全靠自己。他还认为，"能吃苦的人才能有出息"。毛泽东就是用这样的思想教育自己的子女。他总是让自己的子女到各种艰苦的环境中去锻炼，过普通人的生活，绝不允许搞特殊化。

李讷是毛泽东的小女儿，1940 年 8 月出生在陕北延安。当时尽管正处在艰苦的战争年代，但毛泽东还是坚持把女儿留在自己的身边。李讷在父亲的爱抚下成长，在毛泽东的几个子女中，李讷得到的父爱最多。毛泽东虽然格外疼爱自己的小女儿，但他并没有因此而放松对女儿的严格要求。

1947 年，转战陕北期间，毛泽东率领的中央纵队生活极其艰苦。由于粮食供应困难，大食堂每天两顿都是盐水煮黑豆。有一次吃饭，李讷看到大家的嘴是黑的，好奇地笑了，她对毛泽东说："爸爸你看，阿姨、叔叔的嘴都是黑的。"毛泽东对她说："你不要笑，前方解放军叔叔就是靠吃黑豆打胜仗的呀。黑豆好吃，吃了黑豆也能长胖长高。你也应该带上碗筷和阿姨一块去吃黑豆饭。听爸爸的话，你将来一定是个好孩子。"

当时，李讷只有 7 岁，还是个小孩子，但毛泽东并没有因为女儿年龄小就允许别人对她格外照顾。在毛泽东的严格要求下，小李讷没有同爸爸妈妈一起吃饭，而是同卫士、保姆、战士们一起吃大食堂的盐水煮黑豆，从小就经受了艰苦生活的考验。

新中国成立后，毛泽东作为党和人民共和国的领袖，不但没有利用手中的职权为子女提供任何方便，反而更加严格要求他们，哪怕是在乘车、吃饭这样的日常小事上，毛泽东也从不放松对他们的要求。

60 年代初，李讷正在北京大学读书，她和普通学生一样吃住在学校，只有星期六才回家一次，回家时，她也是和大家一样挤公共汽车，从不乘小卧车。正因为如此，刚上学的一段时间里，同学们都不知道她是毛泽东的女儿。寒冷的冬天来临后，由于天黑路远，卫士长担心李讷一个女孩子晚上回家路上不安全，就瞒着毛泽东派车去学校接李讷。此事被毛泽东觉察后，严厉地批评了卫士长，并说："别人的孩子就不是孩子了，别人的孩子能自己回家，我的孩子为什么就不行？"不管卫士长如何解释，毛泽东还是不容置辩地命令道："不许接，说过就要照办，让她们自己骑车子回来。"

李讷在北大上学初期，正赶上严重的经济困难时期，当时国家所面临的最大困难就是粮食奇缺。李讷认为自己是共青团员，应该为国家分担困难，于是在学校报口粮时，只报了 17 斤。毛泽东听说此事后，非常高兴，并说就应该这样做。由于定量不够吃，李讷经常饿肚子。有一次，李讷从家里拿了一袋奶粉，毛泽东知道后很不高兴，说这样做影响不好。以后，李讷就再也没有从家里带过任何吃的东西。

困难时期，李讷很少回家。一次，卫士尹荆山去学校看望李讷，发现她饿得脸发黄，心里很难过，回来后向卫士长作了汇报。卫

「我和我的孩子都不能搞特殊」

■ 毛泽东与女儿李讷在北京

士长是看着李讷长大的,李讷从小就和战士们一起行军,风餐露宿,一样吃盐水煮黑豆,如今成了共和国主席的女儿还要挨饿,想到这些,卫士长心里很不是滋味。于是,他瞒着毛泽东给李讷送去了一包饼干,李讷怕别人发现影响不好,见附近没有人,才大口地吞下两块饼干。

此事毛泽东知道后,又是声色俱厉地批评卫士长:"三令五申,为什么还要搞特殊化?"卫士长小声解释道:"别的家长也有给孩子送东西的。"听到这话,毛泽东更是生气,他大声说道:"别人可以送,我的孩子一块饼干也不许送!谁叫她是毛泽东的女儿!"

此事过后不久的一个星期天,李讷从学校回家。卫士趁倒茶的机会,向毛泽东提议:"主席,李讷回家了,两三个星期没见了,一起吃顿饭吧?"按常规毛泽东是不允许女儿和自己一起吃饭的,他总是让她们在大食堂吃饭,但这次,毛泽东理解卫士的心意,同时他也确实心疼女儿,便笑着回答:"那好,那好。"

饭前,李讷向爸爸汇报了自己的学习情况。尔后,她委婉地对爸爸说:我的定量老不够吃,菜少,全是盐水煮的,一点油水也没有,上课肚子老是咕咕叫。听后,毛泽东语重心长地对女儿说:"困难是暂时的,要和全国人民共渡难关。要带头,要做宣传,要相信共产党……"

饭准备好了,饭桌上摆着四菜一汤,还有辣子、霉豆腐等四个小菜,主食是热气腾腾的红糙米掺芋头的米饭。毛泽东拉着女儿的手说:"今天一起吃饭。"李讷随爸爸来到饭桌前,一股饭香扑鼻而来,李讷将头伸过去嗅了嗅:"啊,真香啊。"说罢抬头冲父母调皮一笑,显得那么天真可爱。

"吃吧,快吃吧。"毛泽东爱怜地望着女儿。话音未落,李讷已开始向嘴里扒饭,饭太烫,她不时噘噘地向外吹着热气。毛泽东在旁边劝女儿慢点吃,可李讷慢吃不了几口,又开始狼吞虎咽起来,因为她实在是太饿了。看到女儿饿成这个样子,毛泽东脸上露出了几分苦涩,他再也无心吃饭了,转身拿起报纸看起来,以掩饰自

『我和我的孩子都不能搞特殊』

己的情绪。李讷看到父母都不吃了，望着他们问道："哎，你们怎么不吃了？"毛泽东说道："老了，吃不多，我很羡慕你们年轻人。"李讷信以为真，于是就将桌上的饭菜一扫而光。后来，卫士又从伙房找来两个白面掺玉米面的馒头，李讷又将这两个馒头连同盘底的菜汤一同吞下了肚。

饭桌上的情景令卫士们感慨万千。饭后，他们走进毛泽东的房间，想说服毛泽东给李讷一点优待，"主席，李讷太苦了，是不是可以……"话没说完，毛泽东便坚定地说："不可以，和全国老百姓比起来，她还算好的。"卫士长刚想说什么，毛泽东又接着说道："不要说了，我心里并不好受，她妈妈也不好受。我是国家干部，国家按规定给我一定待遇。她是学生，按规定不该享受的就不能享受，还是各守本分的好。我和我的孩子都不能搞特殊，现在这种形势尤其要严格。"

毛泽东就是以这种廉洁自律，严格要求子女的模范行动为全党和全国人民作出了榜样。

致表兄的信

　　"美不美家乡水,亲不亲故乡人。"毛泽东在老家湖南有许多的亲友,有韶山冲的亲朋故旧,也有外祖父家湘乡县唐家坨的表亲戚。在过去多年的革命生涯中,毛泽东曾得到过家乡人民和亲友的帮助和支持,毛泽东对故乡的人民和亲友也一直怀有深深的眷恋之情。

　　毛泽东虽然思恋故乡的亲友,但他严格遵守党的纪律,决不利用职权为亲友谋私利、徇私情。他对旧中国官场"一人得道,鸡犬升天"的丑恶腐朽现象深恶痛绝。因此,他在处理亲友关系时,始终坚持这样的三条原则:一是恋亲但不为亲徇私;二是念旧但不为故旧谋私利;三是济亲但不为亲撑腰。建国初期,毛泽东还对秘书田家英交待说,处理一般来信的原则是:凡是要求到北京来看我的,现在一律不准来,来了也不见;凡是要求我给安排什么工作的,一律谢绝。我这里不介绍,不推荐,不说话,不写信。

　　由此可见毛泽东在处理私人和亲友关系上的坚决态度。毛泽东就是这样严于律己,公私分明。他清正廉洁,不徇私情的崇高风范,从他致表兄的信中可见一斑。

　　毛泽东童年的大部分时间是在外祖父家度过的,他与外祖父家诸表兄弟的关系密切,感情很好。文运昌是毛泽东最尊敬的表兄。1910 年,在毛泽东面临失学和断送前途的时候,是表兄文运昌将他带出空气闭塞的韶山冲，引荐并担保他到一所新式学堂——湘乡县立东山高等小学堂读书，这是毛泽东人生的第一次转折。此后，文运昌十分关心毛泽东的成长，积极向毛泽东推荐《盛世危言》《新民丛报》等进步书刊，这些书刊对毛泽东有很大影响。在延安时，毛泽东曾多次谈到表兄在引导他接触新思想上起了关键作用。可是，就是这样一位亲近的表兄，毛泽东也决不会为其徇私情。

早在抗日战争时期，毛泽东在延安收到了表兄的信，"烽火连三月，家书抵万金"。收到表兄的家信，毛泽东自然感到十分亲切，但对于表兄提出要来延安工作一事，他在回信中明确指出："……家境艰难，此非一家一人情况，全国大多数人皆然，惟有合群奋斗，驱除日本帝国主义，才有生路。吾兄想来工作甚好，惟我们这里仅有衣穿饭吃，上自总司令下至伙夫，待遇相同，因为我们的党专为国家民族劳苦民众做事，牺牲个人私利，故人人平等，并无薪水。如兄家累甚重，宜在外面谋一大小差事俾资接济，故不宜来此。道路甚远，我亦不能寄旅费。在湘开办军校，计划甚善，亦暂难实行，私心虽想助兄，事实难于做到。前由公家寄了二十元旅费给周润芳，因她系泽覃死难烈士（泽覃前年被杀于江西）之妻，故公家出此，亦非我私人的缘故，敬祈谅之。我为全社会出一些力，是把我十分敬爱的外家及我家乡一切穷苦人包括在内的，我十分眷恋我外家诸兄弟子侄，及一切穷苦同乡，但我只能用这种方法帮助你们，大概你们也是已经了解了的……"

新中国成立后，毛泽东成了党和人民共和国的领袖。纯朴的故乡亲友除了有一种自豪感外，还有一种特殊的荣誉感。于是，他们纷纷给毛泽东写信，或要求来京观光、旅游，或要求推荐介绍工作等等。读着一封封饱含深情的书信，毛泽东遥望江南，百感交集，思绪万千……对于故乡亲友合情合理的要求，他尽可能地满足。但对于一些不合理的要求，他一概坚决拒绝，毫不留情，他说："否则人民会说话的。"

1950年，毛泽东收到表兄文南松的来信，信中要求他出面为其胞兄文运昌介绍工作。收到来信，毛泽东感到十分为难。对于表兄文运昌，他是怀有感激之情的。在常人看来，给一点照顾也不过分。况且，建国初期，百废待兴，百业待举，需要工作人员的单位很多，一些老干部的家属和亲友来投身革命，只要历史没有问题的，经人介绍不少人参加了工作。但是，毛泽东毕竟是毛泽东，作为党和国家的主席，他是绝对不会违背自己所制定的用人和处世的原则的。他对身边的工作人员说："我们共产党的章法，决不能像蒋介石他们一样搞裙带关系，一个人当了官，沾亲带故的人都可以升官发财。如果那样下去，就会脱离群众，就会和蒋介石一样早晚要垮台。"

于是，毛泽东在复信文南松时写道："……运昌兄的工作，不宜由我推荐，宜由他自己在人民中有所表现，取得信任，便有机会参加工作。"

这期间，毛泽东又收到另一个表兄文涧泉的来信。1927年，毛泽东到湘乡考察农民运动，文涧泉陪同考察，并积极参加农民运动。大革命失败后，他积极支持毛泽东继续干革命。毛泽东对这位表兄也十分尊重。文涧泉写信给毛泽东，请求他为本家好友文凯介绍到北京参加工作。对此，毛泽东同样婉言拒绝了表兄的要求，他在复信中写道："……文凯先生宜在湖南就近解决工作问题，不宜远游，弟亦未便直接为他作介，尚乞谅之……"

两年后，文涧泉再次给毛泽东写信，说自己岳父家赵某想去北京读书，望予照顾接洽。毛泽东同样予以拒绝。他复信道："赵某求学事，我不便介绍。"

几十年后的今天，我们重温毛泽东当年致表兄的信，感受到的是一种高尚人格美的魅力！常言道：身教胜于言教，正己方能正人。毛泽东率先垂范，以自己的实际行动为全党和全国树立了清正廉洁的榜样。

两个与两万个

1952 年 2 月 10 日，古城保定笼罩在一片激愤和严峻的气氛之中，保定市体育场里正在召开"河北省人民公审大贪污犯刘青山、张子善大会"。经毛泽东亲自批示，刘、张两犯由河北省人民法院依法判处死刑、执行枪决。

建国伊始，党中央、毛主席严惩党内腐败现象的举动震动了全国。

为了防止进城后党内滋长腐败现象，早在共和国成立前夕召开的党的七届二中全会上，毛泽东就及时向全党敲响了警钟，他指出："因为胜利，党内的骄傲情绪，以功臣自居的情绪，停顿起来不求进步的情绪，贪图享乐不愿再过艰苦生活的情绪，可能生长。因为胜利，人民感谢我们，资产阶级也会出来捧场。敌人的武力是不能征服我们的，这点已经得到证明了。资产阶级的捧场则可能征服我们队伍中的意志薄弱者。可能有这样一些共产党人，他们是不曾被拿枪的敌人征服过的，他们在这些敌人面前不愧英雄的称号；但是经不起人们用糖衣裹着的炮弹的攻击，他们在糖弹面前要打败仗。我们必须预防这种情况。"

历史的发展不幸被毛泽东所言中。确有极少数革命战争年代的英雄，在和平年代被糖衣炮弹所击中。刘青山、张子善就是这样的典型。

刘青山,男,36岁,1931年入党。前任天津地委书记,被捕时任中共石家庄市委书记。张子善,男,38岁,1933年入党。曾任天津地委副书记、天津专区专员,被捕时任天津地委书记。对于刘、张二人在解放前的那段历史,中共河北省委在开除二人党籍时曾有过这样的评价:"刘青山、张子善参加革命斗争均已二十多年,他们在国民党血腥的白色恐怖下,在艰难的抗日战争和三年多的人民解放战争中,都曾奋不顾身地为党和人民群众的解放进行过英勇的斗争,树立过功绩。"但是,进城后,他们却在资产阶级思想和生活方式的腐蚀下,利用职权,贪污腐化,成了人民的罪人。

刘青山、张子善的主要犯罪事实是:从1950年春至被捕前,先后贪污国家救济粮、治河专款、干部家属救济粮、地方粮,克扣民工粮、机场建筑款及骗取国家银行贷款等,刘青山还吸毒成瘾。由于他们侵吞民工的好粮,低价买坏粮,致使不少民工吃了变质的坏粮而染病身亡。

1951年11月29日,华北局向毛泽东、党中央作了关于天津地委严重贪污情况的报告。这些令人触目惊心的事实,使毛泽东感到愤慨、忧虑。第二天,毛泽东在为中央起草转发这一报告的批语中指出:"华北天津地委前书记刘青山及现任书记张子善均是大贪污犯,已经华北局发现,并着手处理。我们认为华北局的方针是正确的。这件事给中央、中央局、分局、省市区党委提出了警告,必须严重地注意干部被资产阶级腐蚀发生严重贪污行为这一事实,注意发现、揭露和惩处,并须当作一场大斗争来处理。"

毛泽东对刘青山、张子善一案极为关注,在处理这一案件的那段时间里,毛泽东抽烟很多、很凶,时常凝神沉思,毛泽东办公室的灯光经常彻夜不熄。此时,他的心思完全倾注在如何维护党的事业上面,如何更好地挽救犯错误的干部上面,如何更有效地防止干部队伍的腐化上面。

1951年12月14日,河北省委向华北局提出了对刘青山、张子善案件的处理意见。12月20日,华北局经研究后向党中央报告了刘青山、张子善案件的处理意见:"为了维护国家法纪,教育党和人民,我们原则上同意,将刘青山、张子善二贪污犯处以死刑(或缓期二年执行),由省人民政府请示政务院批准后执行。"看到华北局的报告后,毛泽东、刘少奇、周恩来、彭真、薄一波等在中南海颐年堂开会专门研究刘、张一案的处理意见。毛泽东说:"非杀不可。挥泪斩马谡,这是万不得已的事情。"

在公审大会召开之前,曾在冀中担任过区党委书记,看着刘、张成长起来的天津市委书记黄敬来找薄一波,他对薄一波说:刘、张错误严重,罪有应得,当判重刑。但考虑到他们战争年代出生入死,有过功劳,在干部中影响较大,是否可以向毛主席说个情,不要枪毙,给他们一个改造的机会。薄一波把黄敬的意见转报毛泽东。毛泽东坚定地说,正因为他们二人的地位高,功劳大,影响大,所以才要下决心处决他们。只有处决他们,才可能挽救20个、200个、2 000个、20 000个犯有各种不同程度错误的干部。黄敬同志应该懂得这个道理。

刘青山、张子善被党和人民押上了断头台,受到了党纪国法应有的制裁。

严惩刘青山、张子善这样的大贪污犯,是党中央、毛主席深思熟虑的结果。这样做,实际上是以实际行动向全社会表明:共产党决不会做李自成,决不会放任腐败现象滋长下去。这样做,极大地提高了党的威望,教育了广大干部和人民群众,使广大人民群众更加信赖共产党,决心跟着党,努力建设好新中国。

畅游长江

　　毛泽东一生酷爱游泳。著名的文学家郭沫若曾深有感触地说："毛泽东是少年游小塘，青年游湘江，老年游长江。"

　　少年时代，毛泽东就对游泳产生了极大的兴趣，他在韶山冲上屋场前的池塘里学会了游泳。儿时，与小伙伴在水中嬉戏的快乐时光曾给毛泽东留下了美好的回忆。风华正茂的青年时代，毛泽东在长沙第一师范学校读书期间，每到夏天，尤其是暑假期间，他总是和同学好友结伴去游湘江。在夏日夕阳的映照下，他们置身于湘江的波峰漩涡之中，尽情体味与大自然搏斗的乐趣。他还写下了这样的诗句："自信人生二百年，会当水击三千里。"当年，毛泽东正值青春年少，他不仅喜爱在江河中搏击风浪，磨炼意志，他还立志在时代的大潮中，劈波斩浪，奋勇进击，以实现他救国救民的宏伟志向。

　　新中国成立后，已进入花甲之年的毛泽东仍喜爱游泳，其兴致不减当年。毛泽东如此酷爱游泳，是因为他认识到：游泳不仅可以锻炼身体，强健体魄，更重要的是在江河中游泳，有逆流，可以锻炼人的意志，培养人一种勇敢无畏的精神。他鼓励人们应到大江大河中去经受考验，在与风浪搏斗中夺取胜利。1956 年夏，已是 63岁的毛泽东凭借强健的体魄和惊人的毅力，在 4 天之内，3 次横渡长江，写下了他游泳生涯中极为精彩的一页。

1956年初夏,毛泽东到广州视察工作,住在一个小岛上。广州闷热的天气使毛泽东显得有些烦躁不安。有一天,他对卫士长李银桥说:"我们走吧,到长江边上去,我们去游长江。"

长江,江宽水深,波涛汹涌,古称"天堑"。游长江简直是惊人的壮举,风险太大了。毛泽东的这一想法立即遭到了随行人员和保健医生的坚决反对,大家轮番劝说毛泽东打消游长江的念头。负责毛泽东安全保卫工作的罗瑞卿部长闻讯后匆匆赶来劝阻毛泽东:

"主席,我不是不同意你游泳,但是我要负起责任。你去游长江我负不起责任。"

毛泽东不但没有被说服,反而大笑起来,他用手指了指远方,冲着罗瑞卿说:"无非你们就是怕我死在那个地方么!你怎么知道我会淹死呢?"

罗瑞卿仍极力劝阻说:"主席,保护你的安全是党和人民交给我的任务,我是不同意你冒风险。哪怕一点风险也不许有。"

"哪里一点风险没有?坐在家里,房子还可能塌呢!"毛泽东还是听不进去。他甚至还批评罗瑞卿:"你这么个大个子,可是不会游泳,你没有发言权。"

众人的劝说不但没有打消毛泽东游长江的想法,反而增强了他要征服长江的决心。毛泽东的个性就是如此,他一旦认准的目标,是决不会轻易改变的。当然,这次为了打破僵局,他还是采取了迂回的策略,决定先派人去试试水性,看看长江到底能不能游。

于是,负责毛泽东警卫工作的副卫士长孙勇等人被派往长江试游。按照毛泽东的指示,孙勇一到便下了水。试游一趟回来,向毛泽东报告:"没问题,完全可以游。"

有了实证,毛泽东更是信心十足。他得意地对那些"阻力"说:"谁说长江不能游,孙勇不是游了吗?"

在这种情况下,众人也不便再反对了。于是,当时正在广州汇报工作的湖北省委第一书记王任重匆匆赶回武汉,亲自组织游泳选手护游,探水情、选地点。

■ 1956年夏，毛泽东在武汉畅游长江

1956年5月31日晨，毛泽东一行乘飞机从长沙抵达武汉。前一天，毛泽东在长沙畅游了湘江，算是做了准备活动。下午2时，在杨尚昆、王任重、李银桥、孙勇等人的陪同下，毛泽东谈笑风生地登上早已等候在码头边上的"武康"轮。随着汽笛一声长鸣，"武康"轮离开码头，向江心驶去，停靠在武昌岸边正在修建的武汉长江大桥8号桥墩附近。

这天，碧空万里，风平浪静。毛泽东身着泳装，站在船舷上，面对碧波万顷的滚滚长江水，他心旷神怡，跃跃欲试。毛泽东在船上做了一些简单的准备活动后，开始从船上沿着扶梯慢慢下水。这时，他看到4只小木船从四周向他围拢过来，船上船下都有人，还预备了救生圈，他非常生气，指着小木船命令道："走开，都走开，不许那些船靠近。"原来，这些小木船是负责救护的工作人员乘坐的。听到毛泽东的命令，大家只好将船划走。只留下保健医生乘坐的船不远不近地悄悄尾随着。

毛泽东沿着扶梯下到水面后，先将头埋入水中几次，让江水浸湿全身，然后两手撒向后方，两脚一蹬，以仰泳的姿势舒展自如地畅游在宽阔的江面上，警卫人员和护泳运动员跟随在毛泽东的四周，一起向彼岸游去。毛泽东的游泳技术高超而娴熟，只见他时而仰游，时而侧游，时而踩水，缓缓前进，时而又安详地躺在碧波荡漾的江面上尽情地思索、遐想，此时的他手脚不动，身体也不会沉下去。有人曾将毛泽东在风浪中悠闲的泳姿形象地比喻为在水中"睡觉"、"坐凳子"、"立正"、"稍息"等。毛泽东游泳时喜欢与身边的人员谈笑，正说着，一个大浪过来，毛泽东迎着浪头冲上去，用他那强健的身躯征服了汹涌而来的浪头。然后，他挥臂拨开层层波浪，率领护泳队员继续勇往直前，那气概是多么的豪迈！

第一次畅游长江，毛泽东是从蛇山北边下水，游到汉口谌子矶才上船，游程约15公里，时间2小时零3分钟。首次横渡长江，毛泽东虽然感到全身有些疲乏，但精神焕发，游得十分尽兴。

6月2日下午2时，毛泽东第二次横渡长江。当时武汉长江大桥正处在紧张的施工阶段，毛泽东明确提出从长江大桥的上游，也

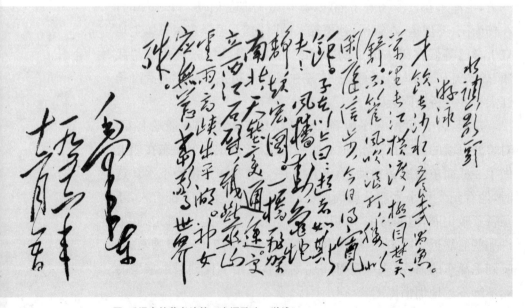

■ 毛泽东的著名诗篇：《水调歌头·游泳》

就是从汉阳的鹦鹉洲附近下水,穿过桥墩,游过长江和汉水的汇合处。当他游到桥墩附近的水域时,他一边踩水,缓缓前进,一边兴致勃勃地观看火热的大桥建设场面。临近桥墩时,他快速挥臂侧游,从二、三号桥墩之间穿过。这次,毛泽东又游了14公里,时间2小时。

6月3日下午,毛泽东第三次横渡长江,从汉阳游到武昌。

此次畅游长江,毛泽东不仅为征服长江风浪而感到愉悦,更为长江上火热的建设场面所鼓舞。于是,毛泽东诗兴大发,挥笔写下了气势磅礴的著名诗篇《水调歌头·游泳》,以抒发自强自信的革命乐观主义精神和改造大江大河为社会主义建设服务的豪情壮志:

才饮长江水,

又食武昌鱼。

万里长江横渡,

极目楚天舒。

不管风吹浪打,

胜似闲庭信步,今日得宽余。

子在川上曰:逝者如斯夫!

风樯动,龟蛇静,起宏图。

一桥飞架南北,天堑变通途。

更立西江石壁,

截断巫山云雨,高峡出平湖。

神女应无恙,当惊世界殊。

回韶山

　　新中国成立后,毛泽东当了国家主席。家乡的人民为之十分自豪,天天盼望他回家乡韶山看看。然而,国事繁忙,他回家乡的计划只能一再被推迟。

　　1959年6月,毛泽东决定回韶山。他想与久别的亲人们自由自在地叙旧论今,于是向公安部部长罗瑞卿提出三个要求:一、不要派部队去韶山护卫,特别不要派公安人员去;二、给我行动自由;三、我要广泛接触群众。

　　25日下午6点多钟,毛泽东回到阔别32年的故乡——韶山冲。他对派出所的负责人风趣地说:"你们去把这里的山神、土地找来。"山神、土地是指公社、生产大队的干部。

　　一会儿,当地干部来了,毛泽东同他们一一握手,感慨地说:"你们都是当权派,你们比我好,你们自由我不自由,我只有回到家乡才有自由。"把地方干部请来,毛泽东是要告诉他们第二天晚上请乡亲们吃顿便饭。主要请四个方面的人士:毛泽东的亲戚——表、堂兄弟;韶山冲的烈、军属;老地下党员;农民协会老自卫队员。

　　第二天,天刚蒙蒙亮,毛泽东就起床了,独自走出招待所。随行人员被叫醒后,迅速追了出去。毛泽东对他们说:"今天我先要到父母坟上看看。"这一心事他事先没有对任何人讲过。早逝的父母对自己的养育之恩,他是不会忘记的。回到家乡后,这种怀念之

■ 1959 年 6 月毛泽东在父母坟前致祭

情愈加强烈。

坟地在土地冲南竹圫,要过两个长山坡。毛泽东踏着杂草丛生的山路,迎着晨曦来到父母坟前,深深地三鞠躬,追念道:"前人辛苦,后人幸福。"并沉默良久。当地干部看着土堆的坟墓长满野草,墓中央塌了一个洞,就问:"主席,要不要把坟修一下?""不要了,保持原貌,把它填一下就行了。"

毛泽东来到小时候认识的毛霞生家。毛霞生是生产队长、食堂管理员。毛泽东问他:"你讲真话,亩产多少斤粮食?"因当地干部在旁边,毛霞生犹豫了一下回答:"亩产 800 斤。""是一季稻 800斤还是两季稻 800 斤?""一季稻。"毛泽东不相信。毛霞生看了看干部说:"是他们叫我这样讲的,我要是讲了真话,你走了,他们会批评我的。"毛泽东严肃地对那些干部说:"你们这些干部要实事求是,才能受到人民的尊重。讲假话,不仅欺骗了国家,欺骗了人民,也欺骗了自己,人民会埋怨我们,也会埋怨你们的。"

在故居，毛泽东一个房间一个房间地仔细观看。每件实物、每张照片都引起他对往事的回忆。站在父母的遗像前，他对陪同人员说："要是现在，他们就不会死得那么早了。""当时我母亲患的是淋巴结核，这样的病并不难治，只是当时医术不发达，经济也有困难，才没治好。"想到父亲去世时才50岁，他流露出惋惜的神情。

从故居出来，毛泽东来到韶山学校。师生们听说毛主席来了，都从教室里跑出来迎接。一个少先队员将自己的红领巾解下来，给主席戴上。毛泽东笑着对大家说："你们看，我年轻多了，现在都变成少先队员了。"

下午，毛泽东来到韶山水库，在碧波荡漾的水中畅游。岸上的干部群众争相观看。一会儿，他游到岸边，人们以为他要上岸，热烈地鼓起掌来。可是毛泽东并没上岸，而是仰卧在水面上向大家鼓掌致意，立即激起更热烈的掌声。岸上水中互相呼应，主席兴致更浓。他将头沉入水中，手伸出水面鼓掌，独特的表演，博得岸上一片欢声笑语。毛泽东非常开心，在水中又教陪游的水手们练起立正、稍息、睡觉、坐凳子的动作。大约游了近两个小时才上岸。

毛泽东走到哪里，哪里就人群涌动，谁都想一睹领袖丰采，更想和他握握手，说说话。他从水库回招待所的路上，很多人冲着汽车欢呼雀跃。毛泽东让司机停车，并走出来和大家见面。这一天，他同两三千群众握了手。回到住地后，他一边甩手一边说："今天怕是我握手最多的一次了，我的手都握劳（累）了。"

晚上，毛泽东请乡亲们吃饭。开饭前，召集一些老年人和干部开座谈会。他说："我离开韶山30多年哒，今日子请大家来，想听听列位的意见，想请你们对我，也对政府提些意见，尽量提，放心讲。"给主席提意见，大家还真不敢讲。只听一个人说："搭帮您老人家翻了身，我们没得什么意见。""我不回，你们望我回；回哒，又不跟我讲真话！"听毛泽东这么一讲，大家的话匣子才打开了。

■ 韶山学校的学生给毛泽东系红领巾

回
韶
山

一位老人说:"去年以来,浮夸风很严重,说亩产几万斤、十几万斤,土地深翻几尺。我们不同意,就说我们是'老保守',如今对老人太不尊重了。有'保守'倾向就要挨辩论,挨斗争。韶山还好一点,听说外地更厉害了!"还有人说:"现在吃食堂,搞集中,男男女女要分开住。历来是各家各户,夫妻一起居住,互相照顾,现在男女要分开,像个什么世道,请问到底是主席搞的还是谁搞的?"

毛泽东认真听取大家意见后说:"你们的意见提得好。像这样的话,只有在家乡,在韶山才能听到,在中央,在其他地方是听不到的。"最后,他表示回北京后要开会,好好研究,向全国下个文,统一解决食堂问题。

座谈会结束后,开始吃饭。在韶山招待所的餐厅内,被邀请的七八十人,围坐在8张饭桌旁。毛泽东致祝酒词:"离开韶山几十年哒,我请列位吃餐便饭,敬大家一杯酒。"乡亲们站起来,举杯感谢毛泽东的款待。接着,他又端起酒杯,向同桌的毛宇居老先生敬酒。宇居老人曾是毛泽东的老师,他连忙谦让:"主席敬酒,岂敢岂敢。"毛泽东也回敬道:"敬老尊贤,应该应该。"随后,毛泽东又到各桌去敬酒。

27日,毛泽东再次找群众、干部召开座谈会,了解生产、生活情况,直到下午离开韶山。

毛泽东回韶山,见到了久别的乡亲,了却了多年的夙愿。同时,通过体察民情,倾听群众心声,为以后党和国家制定正确的方针政策,找到了直接的依据。

情系卫士

　　毛泽东曾深有感触地对卫士们说："我和我的孩子，一年见不上几次面，只有我们是朝夕相处，你们比我的孩子还要亲。"

　　卫士们住在中南海丰泽园颐年堂前东西厢房，紧挨毛泽东居住的菊香书屋。他们负责居住地的安全、卫生、勤务；担负会议内部警卫；随同毛泽东到全国各省、市巡视调查。可以说与毛泽东一日 24 小时形影不离。卫士们对工作兢兢业业、尽职尽责，毛泽东关怀卫士无微不至、情意融融。

　　卫士们的文化水平比较低，很多人在旧社会都是劳苦农民家的孩子，从小没有上学的条件。解放后，毛泽东指示他们要补习文化知识，从小学学起，直到学完初中、高中的课程。为了卫士们能系统地进行学习，遵照毛泽东的指示，中南海干部文化学校成立了，警卫战士们个个手舞足蹈，积极报名参加学习。毛泽东对他们说："以后你们就不要叫什么队了，就叫文化学校，你们就叫学员"，"我当名誉校长，再请一位副校长。你们在这里学习七八年，达到高中毕业或大学毕业的程度。"他还列举身边的卫士考上大学的事例，鼓励卫士们树立学习的信心。

　　文化学校开学后，毛泽东用稿费给每个战士买了书包、课本、作业本等学习用品，他还经常过问他们学习语文、数学、政治、历史、物理等各门功课的情况，有时还亲自去讲课。

■ 1961 年,毛泽东与警卫人员合影

　　为了让卫士拓展知识面,毛泽东亲自开书目。1960 年他给秘书林克的信中写道:"冯契著《怎样认识世界》一书,中国青年出版社印行,1957 年出版,我想找四、五、六、七、八本送给同我接近的青年同志阅读。请你找一找。如找不到此书,则找别的青年人能够阅读的哲学书,要薄本小册子,不要大部头。"毛泽东让卫士们看些通俗易懂的读物,由浅入深地提高理论水平。

　　毛泽东还经常提一些问题让卫士们思考。晚上散步他问卫士:"天上有多少星座? 为什么星星会发光?"到广州巡视又问:"广州天气为什么这样热? 你说天气热有什么好处?"在北戴河游泳时他又问道:"你知道水的成分是什么? 人在水中为什么会浮起来? 海水为什么是咸的?"总之,毛泽东经常信手拈来一些问题,帮助卫士们提高学习兴趣,掌握多方面的科学知识。

　　1960 年 1 月,卫士们经过几年刻苦学习,参加解放军政治部统一考试,达到高中毕业水平。10 月,中央警卫团干部大队一中队开办了业余文化大学。卫士们又进入大学继续学习,别提有多高兴了,全体学员给毛泽东写了一封信,讲述了他们激动的心情,表示:一定要戒骄戒躁,刻苦学习,成为有高度觉悟和良好的军事、文化素质的革命军人。

毛泽东关心卫士们的学习，也过问他们的婚姻大事。有个卫士在中南海跳舞时，认识了一位漂亮的文工团员。谈了一段时间后，姑娘不同意。卫士失恋后闷闷不乐。毛泽东知道后，开导他说："老婆不是花瓶，不是为了摆着看。讨老婆不能光挑长相，还是找温柔贤惠的好。自己进步，又能支持丈夫进步，那多好啊？家里和和睦睦，出去干工作也有劲。"后来，毛泽东在江西对省委书记杨尚奎的爱人说："水静啊，我身边几个小伙子你都见过了。你那边老表很多嘛，帮忙找一个吧！"在毛泽东关心下，那个卫士找到一位志同道合的伴侣。卫士结婚时请毛泽东吃喜糖。毛泽东看着一对新人微笑着说："好啊，甜甜蜜蜜。"并叮嘱道："你们结婚后要互相多关心多爱护，和和睦睦，白头到老。"

当卫士们的家里有困难时，毛泽东总是慷慨解囊。他的工资开销表上有一专项，谁家有难事，就让工作人员从中取出钱给以帮助。他多次说过："他们帮过我的忙，我不能忘记他们。"

一位陕北籍老警卫，解甲归田后，遇到很多困难，就写信给主席。毛泽东看到信，立即吩咐卫士长从他的工资结余存款中寄去几百元钱。

一位退役的警卫得了高血压病，毛泽东得知后，写信安慰他："高血压病可以慢慢治好，不要性急。药已托人去找，如能找到即送给你。如无这种药，可用别种药。"

卫士长李银桥跟随毛泽东十几年，离开中南海后到天津工作。他经常来北京看望毛泽东。有一年他的老家遭了水灾，毛泽东询问了灾情，并让秘书从稿费中取出一笔钱帮助他家解决困难。

毛泽东很重感情，时刻关心着卫士们的生活，经常为他们排忧解难。但毛泽东也很讲原则，讲纪律，很注意对卫士们的思想品德教育。他不容许卫士们有一丝一毫的特殊化作风。常常告诫卫士："不要叫糖衣炮弹打中。你们在我身边工作，更要注意反腐蚀，要经得起考验。""我们感情很深，可是，如果你们腐化了，就不要怪我翻脸不认你们。""你们在我身边，职务不高地位可是不低，容易搞特殊化。你们要警惕，要夹着尾巴做人。"

毛泽东有言在先，谁违背了，他会严肃地批评，从不姑息。卫士们随他到外地巡视，曾接受地方领导送的一些特产。如孝感的麻糖、山东的高粱饴、杭州的龙井茶、上海的熊猫牌香烟等。这些礼物被毛泽东发现后，他非常生气。于是组织全体人员学习，进行纪律、作风的整顿。为了挽回造成的不良影响，他还派人专程到天津、山东、河南、上海、浙江、江西、湖北、湖南等地退赔，费用由他的稿费支出。同时将一些人调离中南海，这件事使卫士们受到了极深的教育。从此在卫士中再也没有发现收受地方礼品的现象。

■ 1955 年 5 月，毛泽东向警卫战士讲话

节俭美德

　　毛泽东当了国家主席,依然保持艰苦朴素的作风,从不奢华。他常说:"没有条件时不讲究,这一条容易做到;有条件讲究时不讲究,这一条难做到。我们共产党人就是要做难做到的事!"

　　难做到的事毛泽东不但做到了,而且做得令人吃惊。他有一件白色泛黄的睡衣,是20世纪50年代初,北京东交民巷雷蒙服装店的师傅做的。木薯棉布料,夹层、香蕉领,春秋两季都可以穿,毛泽东很喜欢这件睡衣,一直穿到1971年。一件睡衣穿十几年,哪有不破的? 开始衣服的领子、袖口、肘部经常磨的地方坏了点小洞,工作人员就用线缝起来。后来衣服破的面积大了,他们用线缝不好,就想换件新的。毛泽东不同意,他说再请人补一补。工作人员只好把睡衣送到解放军后勤部被服厂,找做服装的师傅帮忙。那师傅还真有办法,他找到同样颜色的布料,精心缝补,不仔细看还真看不出补过的痕迹。毛泽东看到旧睡衣完好如初,非常高兴,又把它舒舒服服地穿在身上。

　　补过的睡衣穿了几年后,经常是捉襟见肘。毛泽东还舍不得换掉,只能是哪儿坏补哪儿,补丁叠补丁了。工作人员洗这件衣服时都不敢用手搓,怕稍一用劲衣服就烂了。一天,他们乘毛泽东休息,就悄悄换了一件新睡衣,没想到毛泽东很敏感,睡后感觉衣服不舒服,一看是件新睡衣,很生气,追问旧衣服哪儿去了。工作人

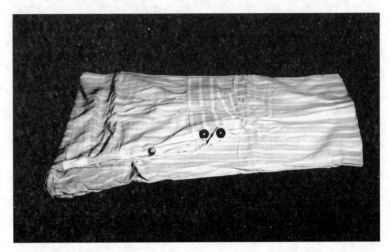

■ 毛泽东穿过的衬裤

员只好把旧衣服拿出来，毛泽东一边穿，一边说："习惯了，还是这件睡衣好穿。"就这样，睡衣上补了73块补丁，已经到了实在不能穿的程度了，毛泽东才同意换新的。

毛泽东穿的棉毛衣裤，缩水性强，很合体的新衣裤，洗过几次后，就变得又小又瘦。他喜欢宽松，肥大，不愿受约束，衣服紧箍在身上，很不舒服。但是他又不同意把旧衣服换掉。工作人员只能求助北京针织厂，请工人师傅们把小衣服接宽接长。他们用两件旧衣服接成一件，或三件接成两件。

毛泽东穿有补丁的内衣、睡衣，也穿过有补丁的外衣。战争年代生活艰苦、供应困难，穿补丁衣服不足为奇。解放后当了国家主席，还穿补丁的外衣就没必要了。但是，毛泽东不这么想。他总是从国家大局考虑问题，他说，建国伊始，百废待兴，花钱的地方很多，每个人都应该勤俭建国，不能浪费，作为国家主席也不能例外。

有一次，毛泽东穿着一条屁股上打补丁的裤子去接见英国工党领袖，工作人员提醒他换条新裤子。毛泽东不同意，他说："不要紧，谁看我后面呀！"

60年代初，国家很困难，买布限量。规定每人一年用多少尺布，所以做件新衣服不那么容易。一般老百姓的衣服都要经过"新三年,旧三年,缝缝补补又三年"。毛泽东深知人民群众的艰难,也几年不做一件新衣服。每当工作人员动员他做新衣服时,他总是语重心长地说:"我们国家很穷,发的布票少,你们不也穿补丁衣服吗?我为什么就不能穿?因为我是主席?我看还是应该节省点,不要做新的,破了再补嘛!"

毛泽东一直穿家乡人织的长筒线袜。这种袜子不结实,袜底袜筒特别爱坏。不管是袜底还是袜筒,只要一坏,就用老办法打补丁。一次,毛泽东外出巡视,坐在专车里和卫士们聊天,随意伸着双腿,带补丁的袜筒露了出来,正巧被专车服务员看见,她非常吃惊,怎么也想不到,堂堂的国家主席竟如此俭朴!

毛泽东不仅穿衣服注意节俭,使用的东西也是如此。就连洗脸的毛巾、擦嘴的面巾,破了还舍不得扔掉。要废物利用,把坏的地方剪掉,好的地方补毛巾被、枕巾等物。多亏他使用的毛巾等用品基本上是白色的,否则补上的补丁还不成了五彩图?有一条毛巾被,旧得跟那件睡衣差不多,任凭怎么说,他就是不同意换新的。洗涤时,工作人员只能把毛巾被放在肥皂水里浸泡,不敢搓洗,更

■ 毛泽东的办公室

不能拧,只能由几个人各揪住一个角,在水里轻轻晃动,漂净肥皂水后,直接搭在晒衣杆上。

过去,中国人刷牙都用牙粉。20世纪60年代起,开始生产牙膏,又好用又方便,就是价钱比牙粉贵。工作人员希望主席改用牙膏。卫士长跟他说:"主席,现在很少有人使用牙粉了,您以后也改用牙膏吧。"

"我不反对你们用牙膏,甚至用高级牙膏。生产出来就是为了用的,都不用生产还能发展吗?不过,牙粉也可以用嘛。我在延安就用牙粉,已经习惯了。"毛泽东还是坚持老习惯。

随着生活水平的不断提高,使用牙膏越来越普遍了。卫士们就与毛泽东讨论起如果没有工厂生产牙粉,是否还要使用牙粉的问题。毛泽东笑着说:"牙粉还是会生产的,因为还有人用嘛!至于我,今后如果每一个中国人都能用上牙膏了,我就不会再用牙粉了。"由此可见,毛泽东并不是不爱用牙膏,而是考虑到老百姓还使用着普通廉价的牙粉,他不想使用高级的牙膏。

毛泽东一生勤俭节约,从一件件平凡的小事中,体现出伟人的高尚风范。

爱吃家乡菜

一般人猜想，深居中南海的毛泽东每天的饮食理所当然的是鸡鸭鱼肉、山珍海味，样样俱全，应有尽有。实际情况却恰恰相反，毛泽东进城后，依然不喜欢大吃大喝，铺张浪费。他始终保持着普通人的饮食习惯，所偏爱的食物和老百姓没有什么两样。

毛泽东的日常生活由中央办公厅统一管理。为了他的健康，保健医生、卫士、生活管理员、厨师共同制定食谱。但他常常不按食谱吃饭，觉得那样做没有必要，既繁琐又违背个人的饮食习惯，太讲究吃了，还会造成追求享乐和奢侈的不良作风。他对保健医生说："你的话不听不行，全听全信我也要完蛋！照你那么讲究，中国几亿农民就别活了。人生识字糊涂始，你懂吗？"

保健医生的职责就是保证毛泽东身体健康，重任在肩，必须坚持医学方面的一些原则，为此，总不免要争辩几句。毛泽东也很固执，寸步不让，他问医生："你讲我吃得没道理，实践检验真理，我身体不好吗？你搞的那一套也许有你的道理，但你到了我这个年纪未必就有我这个身体！"

毛泽东不愿受食谱的约束，不想改变从小养成的饮食习惯和特点。湖南人爱吃辣椒，他就是一个典型。普通人家吃辣椒往往要加上一些佐料，吃起来香香的、辣辣的。而毛泽东吃辣椒的做法很简单，不用切碎、不用油炸，只要把整根辣椒放在锅里干焙一下就行了。吃时一口一个,嚼得津津有味。提起吃干辣椒,还有一段趣事。

一天,新调到毛泽东身边工作的东北籍卫士提醒主席吃饭。毛泽东问他辣子拿来了没有,卫士把辣子错听成蜡烛了。他取回蜡烛问:"主席,蜡烛点着吗?"

毛泽东正在批阅文件,头也没抬地说:"点着?你们东北人吃辣子要点着?乱弹琴。去,拿到锅上炕一炕,要整根的炕,不要切。"

小卫士一想,蜡烛放到锅上炕,不就化了吗?于是又问了一句:"主席,我还不明白,怎么放到锅上炕?锅要放在火上吗?"

"不放火上怎么炕,蠢嘛!"毛泽东有些不耐烦了,他不由得看了一下卫士,只见卫士手里拿着蜡烛,怒气立刻烟消云散,哈哈大笑起来。他一边比划一边说:"辣子,就是我要吃的辣椒。"小卫士这才听明白,他也笑出了眼泪。

霉豆腐,是多数湖南人喜欢吃的小食品,毛泽东也不例外。厨师们自制的霉豆腐,虽然味道不怎么纯正,但毛泽东也不计较。经过霉变的食物,从医学角度讲,是不宜进食的,所以保健医生很担忧。后来,他们发现毛泽东口水多,怀疑饮食消毒不严,就抽出一些食品去化验。果然自制的霉豆腐细菌超标。为了主席的健康,医生不让餐桌上再放霉豆腐了。

几天后,毛泽东发现没有霉豆腐了,一追问原因,他发火了:"哪个菜里没有细菌?我还是不吃菜好了。"他认为人感到好吃的也爱吃的东西,就是能吃的。爱吃一定是人体有这种需要,但究竟是为什么,他也说不清。总之,毛泽东喜欢吃的东西,强行禁止,绝对不行。工作人员为了满足他这个小小的要求,就到京西宾馆去学制作方法,做出的霉豆腐确实卫生,细菌少,符合食用标准。从此,他的餐桌上又摆上了霉豆腐。

毛泽东爱吃的马齿苋,是一种野菜,开小黄花,酸渍渍的。它在马粪堆里长得特别茂盛,韶山人称为"马屎苋"。保健医生觉得这种菜没有什么营养。毛泽东却说:"马齿苋既可做菜,又可入药,对身体大有好处。"

医生半信半疑,经化验,结果正如毛泽东所言。马齿苋可去燥除湿,清热解毒消肿,对治疗毛泽东的便秘、哮喘咳嗽等病大有益处。于是,马齿苋成了毛泽东常吃的一道菜。可是一般的菜园是不会种这种野菜的,为保证主席的需要,工作人员与京郊的农场联系,把马齿苋列入"重点保证供应的蔬菜"一栏的首位,每年种植一些。

毛泽东喜欢吃素菜,但不是顿顿都吃素。他特别爱吃猪肉、鱼虾。

红烧肉,很受广大群众的欢迎,毛泽东对它也情有独钟。特别是湖南风味的红烧肉,色泽红亮、肉质软烂、肥而不腻、味浓香辣,非常适合毛泽东的口味,他经常要吃一小碗。

平时,毛泽东吃鱼虾较多。他曾跟护士长开玩笑说:"我在世时吃鱼太多,我死后就把我火化,骨灰撒到长江里喂鱼。你就对鱼儿说,鱼儿呀,毛泽东给你们赔不是来了,他生前吃了你们,现在你们吃他吧!吃肥了你们好去为人民服务,这叫物质不灭定律。"

毛泽东一生都保持着劳动人民的本色,不忘自己是农民的儿子。从他平凡的饮食生活中,可以看出无产阶级革命家的伟大之处。

爱吃家乡菜

追悼陈毅

　　1972年1月10日中午，毛泽东吃过午饭，穿着睡衣躺在床上辗转反侧。一会儿，他问秘书："现在是几点钟？""一点半。""调车，我要参加陈毅同志的追悼会。"毛泽东的这个临时决定，好像很突然，实际并非如此。自从他得知陈毅去世的消息后，一直把这件事挂在心上，只不过没有说出来罢了。可见，他与陈毅的友谊是多么的深厚。

　　毛泽东与陈毅相识在井冈山时期。相识之前，毛泽东曾致信陈毅："相见恨晚，相慰平生，希遇事相商。"陈毅随南昌起义部队到达井冈山后，深感"相见恨晚"这话应该由他先说。毛泽东深邃的理论修养和卓越的领导才干，令陈毅十分钦佩。

　　毛泽东率领中央红军长征后，陈毅因负重伤，不便远行，而被留在了江西中央苏区。在与党中央失去联系的情况下，他坚持三年游击战争，极大地鼓舞了人民群众，发展了人民武装，培养了大批干部。毛泽东对此给予很高评价，说这是"我们和国民党十年血战结果的一部分，是抗日民族革命战争在南方各省的战略支点"。

　　当新四军遭到国民党反动派的暗算，几乎全军覆没时，中央军委和毛泽东对陈毅非常信任，任命他为新四军代军长，重建新四军军部。

■ 1958 年，毛泽东与陈毅在北京

　　毛泽东信赖陈毅，陈毅也把毛泽东看成是革命的掌舵人。他在中共七大上发言时说，拿船作比喻，"船载千人，掌舵一人"，"从我们党的历史上看，毛泽东是最会掌舵的"。

　　在与国民党军队的决战中，陈毅就任华东野战军司令员。他先后指挥了宿北、鲁南、莱芜和孟良崮战役，捷报频传，受到毛泽东通电表扬。此后，陈毅又参与领导了淮海战役，参加渡江作战，攻占南京，解放上海。他身经百战，立下赫赫战功。

　　新中国成立后，陈毅任上海市委书记、市长。1954 年被任命为国务院常务副总理、国防委员会副主席，兼上海市市长。1958年又兼任外交部部长。

　　在几十年的革命生涯中，毛泽东与陈毅结成了统帅与将军的默契关系。不仅如此，他们还是诗友，结下诗情。陈毅写有得意之作时，必寄毛泽东指正。毛泽东也很谦和，曾写信给陈毅："你叫我改诗，我不能改。因我对五言律，从来没有学习过，也没有发表过一首五律。你的大作，大气磅礴。只是在字面上（形式上）感觉于律诗稍有未合。""只给你改了一首，还很不满意，其余不能改了。"

追悼陈毅

毛泽东欣赏陈毅的诗"有诗味","豪放奔腾,有的地方像我"。陈毅更推崇毛泽东的诗才:"豪情盖世,雄风浩浩,诗怀如海,怒浪滔滔。"毛泽东与陈毅经常就诗文交换意见和通信,因此,他们的交往非同一般。

"文化大革命"开始后,很多老将军、老干部受到冲击。陈毅对越来越激烈地批判老干部的极端做法非常不满。1967年2月,他同叶剑英、李先念、谭震林等人在军委和政治局召开的会议上,提出强烈的反对意见。后被林彪、江青诬蔑为"二月逆流",由此,陈毅被公开揪斗批判。

1971年,林彪事件发生后,毛泽东对所谓的"二月逆流"进行反思。他对周恩来、叶剑英谈话表示:现已证明,根本不存在"二月逆流",今后不要再讲"二月逆流"了。毛泽东说这些话时,陈毅因病已处在弥留之际。叶剑英赶到医院向他传达了毛泽东的意见,陈毅长长吁了一口气,终于了却了一生中最大的心病,几个小时后便与世长辞。

按照当时的情况,陈毅已不算是党和国家领导人。所以追悼会由中央军委出面组织,军委副主席叶剑英致悼词,参加追悼会人数定为500人。毛泽东看到中央送审的有关陈毅追悼会的文件,将悼词中"有功有过"四个字划掉后便签发了。陈毅病逝,毛泽东黯然神伤。但是谁也没有料到他要参加陈毅的追悼会。

周恩来服了安眠药刚刚睡下,就接到毛泽东要参加陈毅追悼会的电话,他迅速起床,克制药物产生的困倦,立即拨通中央办公厅的电话:"我是周恩来,请马上通知在京政治局委员、候补委员,务必出席陈毅同志追悼会;通知宋庆龄副主席的秘书,通知人大、政协、国务委员会,凡是提出参加陈毅同志追悼会要求的,都能去参加。"接着又通知中国驻柬埔寨大使康矛召,请他转告来华访问的西哈努克亲王,如果愿意,请出席陈毅外长追悼会。一切安排妥当,周恩来乘车急速赶到八宝山。

毛泽东的专车驶进八宝山革命公墓大门,他走下汽车,对秘书

悼念陈毅同志

追悼陈毅

189

■ 毛泽东参加陈毅的追悼会，左三为陈毅夫人张茜

说："看张茜来了没有，来了请她过来。"

在休息室，毛泽东、周恩来、邓颖超、朱德、康克清、宋庆龄、李先念等围坐在一起。陈毅的夫人张茜一进门，毛泽东欠身站起来，她马上快步走上去哽咽着说："主席，您怎么也来了？"毛泽东握着张茜的手，请她坐在自己身旁，深情地说："我也来悼念陈毅嘛！陈毅是个好同志！""陈毅同志是立了功劳的，他为中国革命、世界革命作出了贡献，这已经作了结论嘛。"

西哈努克亲王和夫人赶到了，他们问候了张茜，便坐下来。毛泽东对西哈努克说："今天向你通报一件事，我那位'亲密战友'林彪，去年9月13日坐一架飞机要跑到苏联去，但在温都尔汗摔死了。""林彪是反对我的，陈毅是支持我的。要是林彪的阴谋搞成了，是要把我们这些老人都搞掉的。"林彪事件当时在国内还没有公开，西哈努克听了很吃惊。

毛泽东还对张茜说起邓小平问题的性质，是属于人民内部矛盾。邓小平当时正在江西流放。在场的周恩来听了毛泽东这番话，十分高兴，他暗示陈毅的子女想办法把这话传出去。

追悼会开始，周恩来致悼词，毛泽东站在前面向陈毅的遗像三鞠躬。

第二天，毛泽东参加陈毅追悼会的消息见报后，引起强烈反响。他的这一举动，对解放大批被打倒的老干部，纠正极左错误，起了很大作用。

会见尼克松

　　1972 年,为了打开冰冻 20 多年之久的中美关系之门,毛泽东以惊人的胆略,采取了举世瞩目的行动,邀请美国总统尼克松访华。

　　过去一直敌视中国的美国,自 1969 年 1 月尼克松就任总统后,开始采取一系列缓和同中国关系的举动。尼克松曾对记者说:"如果说我在死以前有什么事情想做的话,那就是到中国去。如果我去不了,我要让我的孩子们去。"一年后,尼克松又借各国首脑到纽约参加联合国成立 25 周年纪念大会之机,向巴基斯坦总统叶海亚·汗表示,美国希望同中国"对话","美国决不会参加孤立中国的任何安排",并请他把这个信息转达给中国领导人。

　　毛泽东审时度势,及时作出富有远见的决策,推动中美关系的发展。

　　1970 年 12 月 18 日,毛泽东会见了美国记者埃德加·斯诺,谈话长达 5 个小时。其中谈到中美关系和尼克松访华问题时,毛泽东说:"外交部研究一下,美国人左、中、右都让来,为什么右派让来? 就是说尼克松,他是代表垄断资本家的。当然要让他来,因为解决问题中派、左派是不行的,要跟尼克松解决。我欢迎尼克松上台。他如果想到北京来,你就捎个信,叫他偷偷地、不要公开,坐上一架飞机就可以来嘛。谈不成也可以,谈得成也可以嘛。何必那么僵着?""我愿意和他谈,谈得成也行,谈不成也行,吵架也行,不吵架也行,当作旅行者来也行,当作总统来谈也行。总而言之,都行。"

谁也没有料到,中美关系的突破,竟是从乒乓外交开始。

1971年4月,在日本名古屋举行第31届世界乒乓球锦标赛。比赛快结束时,美国乒乓球队向中方提出访华的要求。毛泽东得知后,经过反复思考,毅然决定:邀请美国乒乓球队访华。美国乒乓球代表团是中华人民共和国邀请的第一个美国代表团,它打开了中美两国人民友好往来的大门,成为中美两国关系由敌视走向正常化的重要步骤之一。

4月下旬,中国政府向美国政府表示:中国愿意在北京公开接待美国总统特使(例如基辛格先生)或美国国务卿,或美国总统本人,商谈中美两国问题。

■ 1970年10月1日,毛泽东和斯诺在天安门城楼上交谈

■ 1972 年 2 月 21 日,毛泽东会见美国总统尼克松

　　7 月 9 日至 11 日,尼克松总统国家安全事务助理基辛格秘密访华,48 小时内同周恩来总理举行 6 次共 17 个小时的会谈,双方商定 7 月 15 日同时在北京和华盛顿发表公告,宣布尼克松总统将于 1972 年 5 月以前适当的时候访问中国。

　　1972 年 2 月 21 日,美国总统尼克松乘坐"空军一号"专机飞抵北京。在周恩来陪同下,尼克松、基辛格乘坐红旗轿车驶进中南海。

　　尼克松一进书房,毛泽东便从沙发上站起来,和尼克松互相握着双手约一分钟之久。一位是东方社会主义中国的革命家,一位是西方资本主义美国的政治家,他们开始了具有历史意义的会晤。

　　在谈到这次会晤的背景时,毛泽东说:"当时,我们驻巴基斯坦的大使不同意我们同你接触。他说,尼克松总统跟约翰逊总统一样坏。""我不知道他怎么会有这个印象,不过我们不大喜欢从杜鲁门到约翰逊这几位总统。中间有 8 年是共和党任总统。不过在那段时间,你们大概也没有把问题想通。"

　　"主席先生",尼克松说,"我知道,多年来,我对人民共和国的态度是主席和总理全然不能同意的。把我们带到一起来的,是认识到世界上出现了新的形势。"

当尼克松要谈论一些需要共同关注的国家和地区的具体问题时,毛泽东摆了摆手,指着周恩来说:"这些不是在我这里谈的问题。这些问题应该同周总理去谈。我谈哲学问题。"

在谈话快结束时,尼克松说:"主席先生,在谈话将结束的时候,我想说明我们知道你和总理邀请我们来这里是冒了很大风险的。这对我们来说也是很不容易作出的决定。但是,我读过你的一些言论,知道你善于掌握时机,懂得'只争朝夕'。"

毛泽东听了尼克松引用他的诗文"只争朝夕"时,微笑着表示赞赏。

毛泽东和尼克松会晤进行了 65 分钟,大大超过了原定 15 分钟的时间。毛泽东虽然很疲劳,但他的思维却很清晰敏捷,诙谐随意地驾驭着整个会晤,使来访者感到一种具有高度集中,不加掩饰的意志力。他虽然没有谈一些具体问题,但所谈的内容就是后来周恩来与尼克松在上海发表公报的框架。基辛格发现这点后,非常钦佩毛泽东,认为他把一个极其严肃和具有世界历史意义的事件放在谈笑中完成了。

中美关系的改变是毛泽东晚年为改变中国的面貌,改变世界的形势而做出的重大贡献。

向章士钊还债

　　一说毛泽东还债，也许不少人会纳闷：作为党和国家主席的毛泽东，借什么钱，还什么债呢？是的。毛泽东借钱和还债确有其事，而且一还就是10年！要问事情的底细，还得从头说起。

　　1962年12月26日，是毛泽东的70寿辰。这天，他特地设家宴款待同乡好友程潜、王季范、叶恭绰和章士钊。由于毛泽东事前关照，每位客人可带一名子女，章士钊便带女儿章含之前来赴宴。当毛泽东得知章含之是北京外国语学院英语教师时，便提议让章含之教他学习英文。就这样，在这次家宴之后，章含之便成了毛泽东的英语老师，定期到中南海帮助毛泽东学英文。

　　刚过了1963年元旦，章含之又来到中南海给毛泽东上课。毛泽东学完英语后，兴致颇高，便和章含之天南地北地谈论起来。毛泽东询问了她的家庭情况，特别是她父亲章士钊的一些工作、生活情况。

　　听着章含之津津乐道地述说着自己的家事，毛泽东似乎想起了什么，于是就打断章含之的话，突然问道："行老（章士钊字行严，人们尊称他为章老或行老）有没有告诉过你，我还欠了他一笔两万元的债没有还呢？"

　　章含之以为毛泽东在和她开玩笑，也就笑哈哈地回答说："我父亲可从来没提到过主席欠他那么多钱。要是主席真欠了我父亲的钱呀,那还不还都不打紧,我父亲肯定不会催主席还债的嘛!"

听完章含之的回答,毛泽东沉默了一会儿,然后态度认真地说:"也许行老忘了,我可不能忘啊! 我欠他这笔债快50年了,早该还了。刚才和你一拉家常我又想起来了。回去你告诉行老,我从现在开始要还他这笔债,1年还2 000元,10年还完。"

"主席,这是真的吗? 那您是怎样向我父亲借的债呢?"章含之大惑不解地问道。

"你不是一提你父亲的历史就总怪他做的是错事吗? 这你对行老就了解不够了!"毛泽东望着章含之,用带点批评的语气说:"你是你们家里唯一的共产党员,硬是党代表哩! 对你那位老人家不能这样看呢! 他还做过许多好事、许多帮助革命的事呢!"接着,毛泽东饶有兴味地回忆起了他早期的革命活动和借债的事。

1919年,毛泽东为了筹建湖南共产党组织,开展革命运动,并帮助一部分同志去欧洲勤工俭学,急需一笔数量较大的款项。可是到哪里去筹集这一大笔钱呢? 毛泽东想到了恩师杨昌济的至交章士钊。当时章士钊在社会上很有名望,素有"古义士"和"社会活动家"之称。毛泽东知道章士钊向来乐于帮助年轻人。于是,抱着碰碰运气的想法,毛泽东急匆匆地来到上海,找到了章士钊,并向他提出了筹款的事。毛泽东当时只是对章士钊说,筹款是为了资助一批青年去欧洲勤工俭学,而没有提及用筹款来成立党组织和开展家乡革命活动两件大事。章士钊一听有志青年因无钱而难以赴欧洲求学,当即答应帮助。因他自己手头没有那么多钱,便以他当时在社会上的地位和影响,发动社会各界名流捐款。在章士钊的多方奔波和努力下,很快就筹集到了两万块银元,章士钊把这笔钱全部交给了毛泽东。由于有了这笔经费,蔡和森、徐特立等留学欧洲才得以成行。而毛泽东也是用这笔钱,回到长沙组织革命运动的。

回顾了这段往事后,毛泽东面带微笑对章含之说道:"行老哪里晓得,他募捐来的这笔钱帮了共产党的大忙。当时一部分钱确实供一批同志去欧洲了,可另一部分我们回湖南闹革命用作造反费了!"

章含之回到家后,立即把毛泽东要还债的事告诉了父亲章士钊。章士钊听完女儿的叙述哈哈大笑了起来,说道:"确有此事,主席竟还记得。"章士钊说完后并没有把这件事放在心上,他认为毛泽东也不过是说说笑话而已。

没过几天,毛泽东的秘书来到章家,给章士钊送来了第一个2 000元。还捎话说,今后每年春节都要送上2 000元。

章士钊没想到毛泽东是如此说到做到。这下倒让章士钊坐立不安起来,他急得在屋里来回踱步。一边走还一边对女儿、又像是自言自语地说着,当年的银元他主要是募集来的,并非都是他本人所有,主席的做法显然是让他当债权人,这可不妥,更何况那钱是用来资助有志青年赴欧求学的,怎么好由主席来还这笔债呢!最后,章士钊让女儿给毛泽东捎话说,这债无论如何都不能还,他不能收此厚赠。

听章含之转告了她父亲的话,毛泽东的神情显得有点严肃了,他又仿佛在思考着什么。过了好一会儿,毛泽东才用舒缓而有力的语调对章含之说道:"你还不懂啊!行老生活那样俭朴,我这是给他一点补助嘛!他给我们共产党的帮助,哪里是我能用一点人民币偿还得了的呢!你们那位老人家我知道,他一生无钱,又爱管闲事,散钱去帮助了许多人。他写给我的信多半是替别人解决问题。有的事政府解决不了,他自己掏腰包帮助了。我要是明说给他补助,他这位老先生的脾气我了解,是不会收的。所以我说还债。你就告诉他,我毛泽东说的,欠的账是无论如何要还的。这个钱是从我的稿酬中支付的。"

既然如此,章老先生也只有"恭敬不如从命",同意毛泽东还债了。

自此以后,每年正月初二这天,毛泽东的秘书都必定给章家送去2 000元。一直送到了1972年,累计2万元。

到此,还这笔历史债的事也该告一段落了吧。

不料,1973年春节过后不久,毛泽东在和章含之谈话中,又顺便问起了送钱的事。当他听说今年的钱没送时,马上追问是什么原因。章含之笑着对毛泽东说:"主席怎么忘了,您当年讲好10年分期偿还,还足2万元,这钱到去年就已经够数了,再送不就多了嘛!"

毛泽东听后,不由得也笑了起来。他对章含之说:"怪我对你没说清。这个钱就是给你们那位老人家的补助。哪里能真的10年就停!我马上派秘书补送过去。"

章含之告诉毛泽东,要给补助父亲肯定是不会再收了,当初他只答应收"债"10年。

毛泽东想了想,以十分肯定的语气说:"你回去就这样告诉行老,借债总是有利息的。从今年开始我是还利息。50年的利息我也算不清应该还多少,就这样还下去。行老只要健在,这个利息我就会还下去的。"

1973年,章士钊已是92岁高龄了。毛泽东的"利息"刚还了一年,章士钊便去世了。毛泽东"还"给章士钊的这笔钱,给予了章士钊比较困难的家庭生活不小的帮助,也给章士钊精神上送去了莫大的慰藉。

毛泽东还债的趣事,体现了毛泽东与章士钊的友谊,也体现了毛泽东对党外民主人士,尤其是帮助过党、为革命做过贡献的党外正义之士的尊重、关怀之情。

读书一生

毛泽东曾说过："饭可以一日不吃，觉可以一日不睡，书不可以一日不读。"的确，他把读书看得比吃饭、睡觉还重要。

毛泽东小时候上私塾，读"四书"、"五经"。这是封建社会考科举的必读书，他虽然把书中的内容背得滚瓜烂熟，但并不喜欢。毛泽东爱读中国的古典小说，如《精忠传》、《三国演义》、《水浒》、《西游记》等书。其中有许多故事都能背下来。当他听村里老人们讲故事时，发现自己知道的比他们讲的还精彩生动。

上完私塾，毛泽东在家里帮助父亲种田，白天劳动，晚上仍然继续读书。小小的山村里能借到的书都读遍了，就到几十里远的外婆家借书。一摞书中，最引他入胜的是《盛世危言》和《新民丛报》。

《盛世危言》一书写了许多让人警醒的"危言"，列举了帝国主义侵略危机，抨击清政府的种种时政，要求改革图强，学习西方，抵抗外侮。《新民丛报》是本杂志，里边介绍西方资产阶级思想、自然科学和文化知识。两本书虽然是十几年前的旧书，但毛泽东是第一次看到，非常新奇，以致读了多遍，从而激起他恢复学业的愿望。

毛泽东走出韶山冲，来到湘乡、长沙，上了高等小学堂，后又考入湖南省立第一师范。他除了在学校学习外，还经常到省立图书

■ 毛泽东的卧室

馆去阅览西方的政治、经济、哲学、历史和自然科学的名著。他后来回忆这段读书生活时说:"我忘记了疲劳,忘记了饥饿和寒冻,贪婪地读,猛烈地读。正像牛闯进了人家的菜园,初次尝到了吃菜的味道,就拼命地吃个不停一样。"

1918年,毛泽东毕业于湖南省立第一师范学校。为寻求救国真理,改变劳苦大众被剥削被压迫的地位,他和同学来到北京,准备到国外勤工俭学。

在北京住了一段时间后,毛泽东又有了新的想法,觉得有人到国外去学些新东西,用以改造中国,这自然很好,但也需要有一些人在国内研究本国问题。于是他决定留在国内,并在北京大学找到一份图书管理员的工作。

一进图书馆,毛泽东如鱼得水,整天沉浸在知识的宝库中,第一次读到马克思、恩格斯、列宁的著作。在马列主义理论的启迪和苏联建成第一个社会主义国家实践的影响下,毛泽东成为中国第一批具有共产主义思想的先进分子,开始了他一生为共产主义事业奋斗的艰苦历程。

■ 1961 年，毛泽东在江西庐山读书

毛泽东领导红军开创井冈山革命根据地时,生活极其艰苦,交通不便,读书看报成了问题。为解决"书报荒",他定下一个制度,红军每打下一个城镇,一定要把所有的报刊、书籍尽可能片纸不留地带回来。他把收集到的报刊用红笔画出记号,工作人员就顺手剪下来保存好,随身携带,经常阅读。

到延安后,生活环境相对稳定了。毛泽东经常通宵达旦地工作、学习和写作。一次,有人带了几本哲学新书给他,他就用三四个夜晚如饥似渴地攻读起来。在延安,他读了大量的马列主义著作、哲学、历史、经济、文学和自然科学等书籍。就中国革命出现的新问题,写了《实践论》、《矛盾论》,对马列主义原有的哲学著作中没有展开的一些原理,进一步加以阐述,丰富和发展了辩证唯物主义理论。

解放后,毛泽东搬进中南海,他居住、工作、读书的菊香书屋,是一个四合院,每个房间都摆满了书,就连睡觉的床上也被书占去了一边。毛泽东读的书,不但范围广、数量多,而且是反复阅读。一部《资治通鉴》竟读了 17 遍之多,他为什么对这部书如此感兴趣呢?

《资治通鉴》是一部编年史巨著,记载东周到五代共 1 362 年的史事,共 294 卷。毛泽东曾对历史学家吴晗说:"《资治通鉴》这部书写得好,尽管立场观点是封建统治阶级的,但叙事得法,历代兴衰治乱本末毕具,我们可以批判地读这部书,借以熟悉历史事件,从中汲取经验教训。"

以古论今,以史为鉴,这就是毛泽东喜欢读史书的原因。他不仅读《资治通鉴》,还通读过二十四史。其中《史记》、《汉书》、《三国志》、《旧唐书》、《新唐书》、《晋书》、《明史》等 16 种书读得最多,有些章节反复多次阅读。每当读到对当前工作有教益的篇章,就及时地推荐给刘少奇、周恩来等其他中央领导人看,有些内容还号召全党同志学习。

毛泽东不仅对中国史书着迷,还阅读了大量的中国古典小说。

如《红楼梦》、《聊斋志异》、《西游记》等书。对历代诗词曲赋也很感兴趣。他从各种文学作品中，批判地汲取了丰富的思想营养，文风上发扬其优良传统。因此，毛泽东能够贴切地运用典故、诗词说明问题，使要表达的内容哲理凝练、富有说服力。

毛泽东到了晚年，视力减退，仍然坚持天天读书，小字本的书看不清楚，就看大字本的，戴高度数的眼镜还看不清楚，就借助于放大镜。

后来，毛泽东开始觉得看东西模糊，经医生诊断，患了"老年白内障"。治这种病没有快速见效的办法，需要有一个初发到成熟的过程，等病情发展到一定阶段，才能进行手术治疗。这段时间，毛泽东近于失明，痛苦无比。不能看书阅报，不能批文件写文章，他就让工作人员为他读文件、读书、读报。

1975年8月，毛泽东做了白内障手术，术后视力稍有恢复，就开始看书。医生规定每天用眼睛时间不超过半小时，要少看书，多休息。

每天只能看半个小时的书，嗜书如命的毛泽东实在忍受不了这种约束，经常看书超过时间，过后再请医生作检查。

一天，他看书超过的时间太长了，医务人员只好把书拿走，并劝告说："主席，为了您的健康，您不要再读了。"毛泽东非常难过，伤心地流出了眼泪，并喃喃地说："我一辈子就是爱读书。"

读书一生

书在版编目（CIP）数据

泽东 / 吕章申主编. — 上海:上海教育出版社,
14.8(2019.10重印)
共和国领袖故事丛书）
BN 978-7-5444-5649-4

①毛… Ⅱ.①吕… Ⅲ.①毛泽东（1893~1976）
生平事迹 Ⅳ.①A752

国版本图书馆CIP数据核字(2014)第171264号

任编辑　刘　芳
面设计　陆　弦

和国领袖故事
泽东
国国家博物馆　编著

版发行　上海教育出版社有限公司
网　　www.seph.com.cn
址　　上海市永福路123号
编·　200031
刷　　上海中华印刷有限公司
本　　700×1000　1/16　印张 13.25　插页 1
次　　2014年8月第1版
次　　2019年10月第3次印刷
号　　ISBN 978-7-5444-5649-4/K·0040
价　　49.80 元

发现质量问题，读者可向本社调换　电话:021-64377165